VIEUX ALMANACH NOUVEAU,

OU

DESCRIPTION GÉNÉRALE

DE

L'EMPIRE DU SOLEIL.

Par le Sieur VANHECK.

A LONDRES, & *se trouve* A PARIS,

Chez BAUCHE, Libraire, Quay des Auguſtins, à l'Image Sainte Geneviéve & S. Jean dans le Déſert.

1765.

PREFACE

Pour l'intelligence du contenu au présent Almanach.

IL eſt étonnant que de tant de ſortes de prétendus Almanachs, que l'on fabrique, & qui ſe mettent au jour tous les ans, il ne s'en trouve aucun qui le ſoit véritablement : car excepté le Calendrier qui eſt en tête, rien du reſte ne reſſemble à un Almanach, & le Public ignorant s'en amuſe, parce qu'il y a des chanſons, des contes de vieilles grands'meres & autres bêtiſes ſemblables ; & la plupart de ces gens-là ne s'imaginent pas qu'on en doive, ni qu'on en puiſſe ſçavoir davantage, aſſurant affirmativement que les prétendus Aſtronomes ſont des inſenſés & des diſeurs de chimeres, ajoutant qu'on ne peut pas ſçavoir ce qui cauſe les Eclipſes tant de

Soleil que de Lune, & par conséquent connoître encore moins les autres Planetes & Satellites, qu'ils traitent de visions chimeriques, & cela parce que jusqu'à présent on ne leur a pas encore donné d'Almanachs instructifs, qui les mettent à portée de connoître & comprendre comment & quand nous devons avoir nouvelle Lune, pourquoi nous l'avons, & en quel endroit elle doit être placée à l'égard du Soleil & de la Terre; comment de même & pourquoi nous avons le premier quartier ou demi-Lune, & en quel endroit elle doit être placée aussi à l'égard de la Terre & du Soleil, & ainsi des autres phases de la Lune, & de-là en venir à faire comprendre pourquoi nous avons quelquefois des Eclipses du Soleil & des Eclipses de Lune; ensuite faire connoître les mouvemens & circulations des autres Planetes renfermées dans l'Empire du Soleil, & les causes de leurs mouvemens : je penſe que ce ſeroit le véritable moyen de déſignoranter bien du monde dans cette partie.

Je vais donc tâcher de faire un Almanach inſtructif & intelligent, d'une maniere qu'il puiſſe être à la portée de tout le monde, même de ceux qui n'ont aucune notion du calcul, ni de l'Aſtronomie, & par ce moyen de rendre les hommes plus hommes qu'ils ne ſont : car l'on peut dire que plus des trois quarts du genre humain, ſans exageration, ne peuvent pas ſe perſuader qu'on puiſſe connoître la marche des Planetes, ni leurs mouvemens, & cela parce que l'on ne leur a pas donné encore juſqu'à préſent aucune inſtruction ſur cette matiere. Je ne prétends cependant pas me vanter de venir à bout de ſpiritualiſer tout le monde, car il n'y a que le Tout-puiſſant qui pourroit parvenir à cette entrepriſe.

Sans doute qu'on eſt curieux de

sçavoir, pourquoi j'annonce cet Almanach sous le titre de vieux Almanach nouveau, en voici la raison : c'est que je crois que tout ce qu'il contient est aussi vieux que le monde, mais pas si vieux que le temps, & que malgré cela je le donne comme nouveau, puisqu'il n'en a pas encore paru un semblable.

Les Sçavans qui me liront, trouveront peut-être trop de répétitions dans de certains endroits; je leur repondrai que, comme je n'écris pas pour eux, puisque je sçais qu'ils sont plus sçavans que moi, j'écris pour ceux qui ne sçavent rien ou presque rien, & que c'est la raison pour laquelle je me sers des termes les plus communs & connus de tout le monde, afin de me faire mieux entendre par ceux qui ne sont pas encore versés dans cette science. Il y a des cas, & sur-tout dans cette matiere, où on ne peut trop répéter certaines choses, afin qu'on ne perde pas de vûe les principaux mouvemens, & auſſi pour mieux faire comprendre & ſentir le pourquoi & les cauſes, enſorte que j'ai tâché d'écrire d'une maniere à être entendu de tout le monde.

Les Aſtronomes ont pris le parti avec juſte raiſon, de meſurer les eſpaces & les diſtances des Planetes, ainſi que leurs groſſeurs, par le moyen du diametre de la Terre au lieu de lieues, parce que 1°. cela leur eſt plus facile, & en ſecond lieu pour éviter la grande quantité de chiffres en meſurant par lieues, ce qui feroit un trop grand embarras, d'autant plus qu'une lieue dans les eſpaces ne vaut pas à peine le pas que fait une fourmi ſur la Terre, enſorte que l'on compte par diametres ou demi-diametres de la Terre, & la Terre a 2865 lieues de diametre, ou 1432 ½ pour le demi-diametre; c'eſt pourquoi ſi l'on dit que la Lune eſt éloignée de la Terre de 62 demi-diametres, c'eſt 62 fois 1432 lieues & demie, & ainſi du reste. Si l'on dit que le Soleil a de diametre 100 diametres de la Terre, c'est 100 fois 2865 lieues. Le terme de déclinaison signifie la même chose en Astronomie que la latitude en Géographie.

Je crois qu'en voilà bien assez pour pouvoir comprendre tout ce que je vais démontrer.

J'ai cru pouvoir me dispenser de placer ici un Calendrier, attendu la quantité qu'on en trouve par-tout.

ABRE'GE'

ABRÉGÉ
DE NOTRE UNIVERS
OU
DE L'EMPIRE DU SOLEIL,
SELON COPERNIC ET NEWTON,
ET
DE NOTRE TOURBILLON GÉNÉRAL,
SELON DESCARTES,

Et des Orbites, Cercles & Tourbillons subalternes des six Planetes & des dix Satellites renfermés dans l'Empire du Soleil.

Le tout calculé & mesuré suivant les Observations de nos Astronomes & de Messieurs de l'Académie Royale des Sciences.

Avant-propos de mon sistême du mouvement de l'Empire du Soleil.

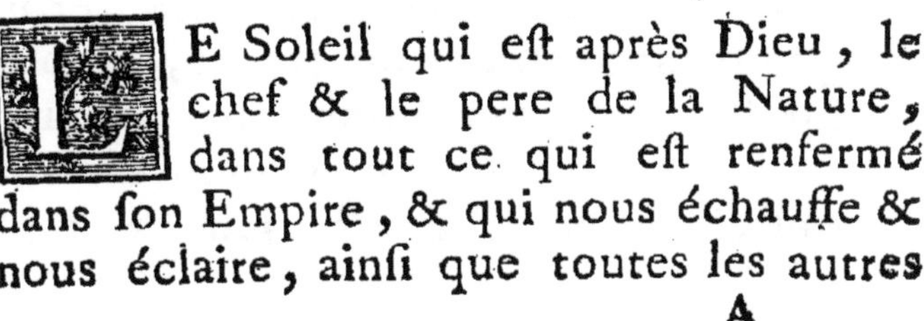

LE Soleil qui est après Dieu, le chef & le pere de la Nature, dans tout ce qui est renfermé dans son Empire, & qui nous échauffe & nous éclaire, ainsi que toutes les autres

Planetes & Satellites qui sont autour de lui dans son grand tourbillon, est dans le centre de tout ce qui est sous sa puissance & sa domination.

La violence de son feu le fait tourner sur lui-même, sans sortir du centre qui lui a été prescrit par les loix de la Nature, c'est-à-dire, qu'il tourne sur son axe en 25 de nos jours & 12 heures, & c'est ce mouvement-là qui donne le branle à toutes les six Planetes & les dix Satellites qui l'environnent, parce qu'ils sont tous sous sa puissance & dans son Empire, & tourbillon général. Le Soleil a en outre un mouvement central qui lui est propre, que son feu & son tourbillon sur son axe lui forcent de faire.

Avant d'entrer en matiere, il faut commencer par sçavoir que le Soleil, selon l'estimation des Astronomes, a de diametre 100 fois celui de la terre, qui font 286500 lieues, & par conséquent il doit être près d'un million de fois plus gros que la terre: de-là on doit juger de la violence de son feu & de son pouvoir.

Il ne doit donc pas être étonnant que le mouvement du Soleil, en tournant sur son axe, occasionné par la violence de son feu, fasse agir & mouvoir tout ce qui est en sa puissance, joint à sa prodigieuſe groſſeur, en comparaiſon des Planetes qui ſont ſes enfans & ſes ſujets, ainſi que les Satellites qui ſont ſes petits enfans & auſſi ſes ſujets ; mais qui ont un devoir à rendre à leurs meres, auxquelles ils ſont aſſujettis & d'où ils ſont ſortis.

Le Soleil eſt donc dans le centre de ſon Empire, dont la frontiere eſt Saturne, & cet Empire ne fait qu'une petite partie du grand Univers général où ſont placées les étoiles fixes.

En partant de ce principe inconteſtable, il en réſulte des conſéquences & des preuves à déduire, & très-faciles à démontrer.

On comptoit autrefois ſept Planetes, parce qu'on y comprenoit le Soleil, & que l'on croyoit que c'étoit la terre qui étoit au centre, & que le Soleil tournoit autour d'elle ; mais aujourd'hui on eſt plus éclairé, par le moyen des obſervations de Copernic & autres ſçavans hommes, leſquels nous ont fait voir, avec la derniere évidence, l'harmonie admirable qu'il y a dans l'ouvrage de ce grand Maître de tout l'Univers entier, dont l'immenſité eſt incompréhenſible, & dont l'Empire du Soleil ne fait qu'une petite partie.

Ils nous ont donc fait connoître que le Soleil étoit au centre & au milieu de ſon

Empire qui s'étend jusqu'à Saturne, qui est la Planete la plus éloignée de lui, & que l'on peut appeller sa frontiere. Il y a cependant les Cometes que l'on croit être aussi sous la domination du Soleil, qui font une circulation libertine, dont la figure ressemble assez à leur mouvement, & dont il sera parlé vers la fin de mon discours : de maniere qu'au moyen de cet examen, joint aux recherches & aux découvertes continuelles de nos sçavans Astronomes, on a trouvé & connu la marche générale des six Planetes principales que le Soleil embrasse dans son tourbillon, & dont il est le pere nourricier, ainsi que des dix Satellites ou petites Planetes asservis & assujettis à trois de ces six Planetes principales partagés inégalement, ainsi qu'on va le faire voir.

1°. Notre Terre qui en a une que nous appellons la Lune.

2°. Jupiter qui en a 4 qui lui servent aussi de Lunes.

3°. Saturne qui en a cinq qui lui servent pareillement de Lunes.

Les trois autres sont sans progénitures, c'est-à-dire, sans Satellites ou Lunes, qui sont Mercure, Venus & Mars.

On croit cependant que Venus a un Satellite ; mais il ne se montre pas sou-

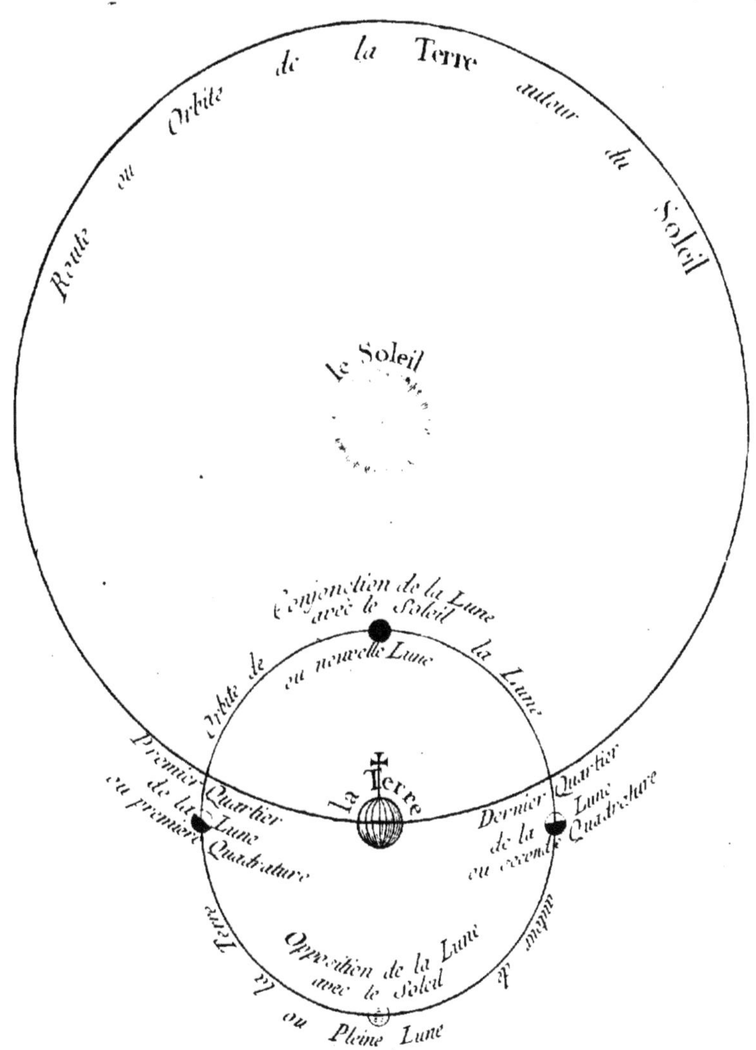

LES DIFFERENTES PHASES DE LA LUNE

ou les quatre Quartiers, pendant chacun desquels elle paroit de differente forme

vent, ainsi on n'est pas certain sur cela.

Je pense que si Mercure, Venus & Mars sont jusqu'à présent sans progénitures, c'est-à-dire, sans Satellites, il n'y a pas d'apparence qu'ils puissent jamais en avoir: car pour le présent ils sont trop vieux pour pouvoir faire aucun accouchement; l'effet du travail pour les faire enfanter est éteint, amorti & prescrit.

A l'égard de Mercure & Mars, ils sont trop petits & trop peu considérables pour avoir pû produire des Satellites.

Les six Planetes principales, à commencer par la plus proche du Soleil & finissant par la plus éloignée, sont:

Mercure, *Venus*, *notre Terre*, *Mars*, *Jupiter* & *Saturne*, lesquelles, en tournant sur elles-mêmes vers le Soleil, décrivent un cercle autour de lui, chacunes dans leurs différentes orbites, à proportion de leurs distances de lui, & en différens temps à proportion de leurs éloignemens, de maniere qu'elles ne peuvent se rencontrer, attendu, par rapport à leurs différentes distances, qu'elles forment des cercles différens & de différentes grandeurs: au moyen de quoi, la plus près qui est Mercure & le fils aîné de ses enfans, décrit un cercle plus petit que celui de Vénus; le cercle de Vénus est plus petit que celui de notre Terre ; le cercle de notre Terre eſt plus petit que celui de Mars ; le cercle de Mars eſt plus petit que celui de Jupiter, & le cercle de Jupiter eſt plus petit que celui de Saturne, lequel décrit le plus grand cercle, qui tient lieu comme de muraille pour renfermer l'Empire du Soleil, dont le pouvoir ne peut pas s'étendre plus loin, à l'exception néanmoins des Cometes, leſquelles paroiſſent décrire un cercle oval très-allongé, & il y en a, dit-on, qui ſont plus de cinq cents ans à faire leurs révolutions périodiques ; mais je ne crois pas qu'elles ſoient totalement ſous la domination du Soleil, par les raiſons que je dirai en ſon temps.

On me demandera peut-être pourquoi je mets notre Terre pour une Planete aulieu de la Lune : je répondrai à cela que notre Terre eſt une Planete majeure, telle que les cinq autres que j'ai dénommées, & que la Lune n'eſt qu'un Satellite de notre Terre qui nous eſt aſſujettie, laquelle fait la même circulation autour de nous, que les neuf autres font autour de leurs globes auxquels ils ſont aſſujettis.

Les Planetes, ainſi que les Satellites, ont tantôt plus près, tantôt plus éloignés les uns des autres, par rapport aux

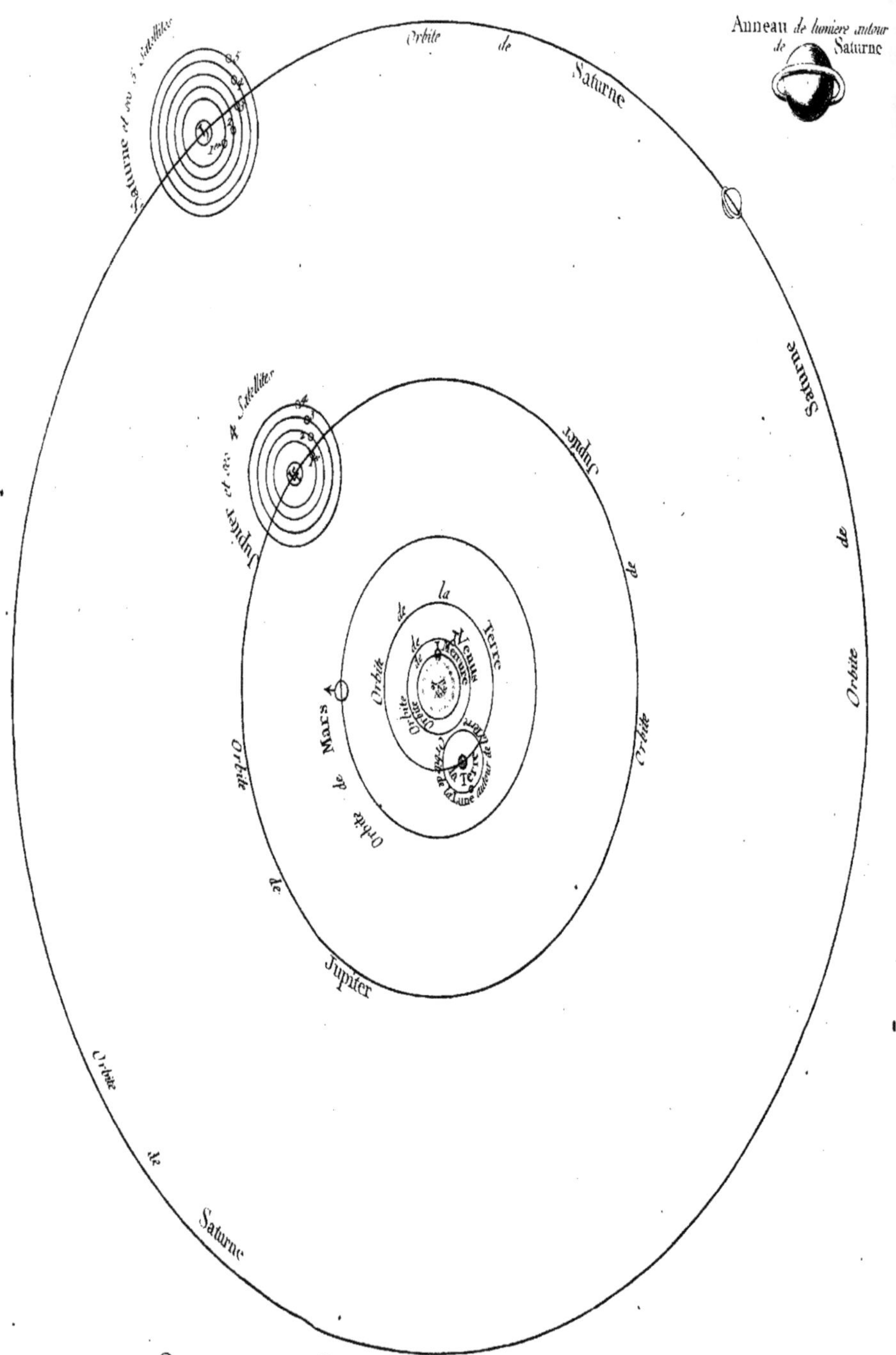

ORDRE DES PLANETES AUTOUR DU SOLEIL

différens temps qu'ils ſont à faire leurs révolutions périodiques ; mais ni les uns, ni les autres ne ſortent jamais pour cela de leurs cercles ou orbites , tel qu'on peut le voir par le modele ci-joint.

Il eſt pourtant bon de faire attention que, quoique par ce modele les cercles paroiſſent ronds, ils ne le ſont cependant pas ; parce que pendant le cours de leurs révolutions, les Planetes s'approchent un peu du Soleil, & s'en éloignent alternativement, les unes plus les autres moins; ainſi ces cercles ont plutôt la forme d'un œuf que d'un cercle parfait, ce que l'on nomme dans les Ecoles un cercle vicieux, & les Aſtronomes les nomment ellipſes. Il en eſt de même des Satellites, qui tout en tournant autour de leurs globes, s'en approchent & s'en éloignent auſſi alternativement : on dira en ſon lieu quelles en ſont les cauſes.

Je dis donc que les ſix Planetes principales ont chacunes leurs tourbillons particuliers ſur elles-mêmes vers le Soleil, occaſionnés par le tourbillon que le Soleil fait ſur ſon axe, & qui les néceſſite en même temps à tourner autour de cet aſtre , & que ſi les Planetes ne tournoient pas ſur elles-mêmes vers le Soleil en tournant autour de lui, il en arriveroit deux inconvéniens considérables qui leur causeroit la perte d'elles & de leurs habitans, en ce que 1°. si elles ne tournoient pas sur elles-mêmes vers le Soleil en tournant autour de lui, elles n'auroient pas de jour & de nuit, ou, pour mieux dire, elles auroient un côté toujours de jour, & l'autre côté toujours de nuit : en second lieu, elles ne pourroient pas entortiller avec elles les tourbillons que chacunes d'elles ont avec l'air qui les environne, & qu'il faut qu'elles emmenent & entraînent avec elles, pour la conservation de leurs habitans & des alimens y annexés, c'est-à-dire, que le climat analogue à chacune des parties de la Terre, s'écarteroit de sa place & de sa situation, de maniere que les habitans de chaque contrée auroient toutes sortes de différens airs & climats, qui leur dérangeroient leurs constitutions & leurs tempéramens, ainsi qu'aux plantes & aux productions de la terre, ce qui occasionneroit la ruine totale des uns & des autres, outre que le tour qu'elles font sur elles-mêmes, leur donne la vivacité & la facilité nécessaire pour leurs circulations ; & les cercles qu'elles font autour du Soleil, qui nous paroît immense, & qui cependant leur est très-aisé, au moyen de ce qu'elles tournent fur elles-mêmes en même temps: car un boulet de canon tourne fur lui-même d'une grande viteffe dans fa courfe rapide, & fans cela il ne pourroit pas percer l'air fi facilement. Je penfe que les grands vents que nous avons quelquefois, peuvent être occafionnés par des échappés de notre tourbillon, & plus ces échappés font grands, plus les vents font violens; & que les endroits de la terre les plus élevés vers l'Equateur, font les plus tourmentés de la violence de ces échappés de notre tourbillon, ainfi que de notre circulation autour du Soleil; ainfi il n'y a rien d'étonnant qu'en certains endroits, les plus élevés de ces endroits-là, le vent enleve des montagnes de fable, & engloutiffe quelquefois les voyageurs dedans, & qu'en d'autres endroits, les ouragans font encore des ravages bien plus confidérables & des plus terribles, vû que ces endroits de la terre font prefque fix lieues en une feconde, par la révolution périodique que la terre fait autour du Soleil, outre fon tour fur elle-même; mais ces accidens-là fervent à arrondir la terre.

Enforte que le Soleil en tourbillonnant fur lui-même, forme un enchaînement, qui oblige les fix Planetes & leurs Satellites à faire les mouvemens de rotations, de cercles, & de révolutions qu'on leur voit faire, & cela du même ſens que le Soleil tourne ſur ſon axe, ce qui prouve que l'Etre ſuprême de toute la nature eſt un grand ouvrier qui a tout prévu en faiſant ſon ouvrage, & dont l'admirable harmonie eſt miraculeuſe, & à quoi les hommes ne font pas grande attention.

Je vais préſentement parcourir les ſix Planetes les unes après les autres, en commençant par la plus près du Soleil, qui eſt Mercure, & finir par la plus éloignée, qui eſt Saturne, & chemin faiſant viendront à la rencontre les dix Satellites, dont il ſera parlé à meſure qu'ils ſe trouveront dans la route.

Mercure eſt la Planete la plus petite & la plus près du Soleil, ſes habitans voyent le Soleil neuf fois plus grand que nous le voyons, il ne fait que le tiers du diametre de notre terre, & ſa ſurface la neuviéme partie : ſa ſolidité n'en fait que la vingt-ſeptiéme partie, en ſorte que ſon diametre eſt à peu-près de 955 de nos lieues de 25 lieues au degré, les lieues évaluées ſur le pied de 2282 toiſes de 6 pieds chacune; ſa diſtance de lui au Soleil, eſt dans ſon plus éloigné à 10274 demi-diametres de notre terre, qui font

14-717-500 lieues, ce plus éloigné s'appelle aphelie ou apogée, & dans son plus près du Soleil, il n'en est éloigné que de 6-754 demi-diametres, qui font 9-675-105 lieues, ce qui s'appelle perihelie ou perigée, ensorte que son plus éloigné du Soleil est son apogée, & son plus près est son perigée, & il en sera de même pour toutes les autres Planetes : son tour sur lui-même ou sur son axe est inconnu, à cause qu'il est trop près du Soleil pour pouvoir l'observer, ce qui est cause qu'on ne sçait pas la durée de ses jours ; mais on est assuré que sa révolution périodique autour du Soleil est de 88 jours qui forme la durée de son année solaire. Il est aisé de comprendre qu'au moyen de ce qu'il s'approche & s'éloigne du Soleil tout en tournant autour de lui, il ne fait pas un cercle parfait, mais bien un cercle vicieux qu'on nomme ellipse, ensorte que de 88 jours que dure la révolution périodique de Mercure autour du Soleil, il est 44 jours à s'approcher de lui dans son demi-cercle, & 44 autres jours à s'en éloigner, en faisant l'autre demi-cercle, de maniere que la différence de son plus éloigné à son plus près du Soleil est de 3520 demi-diametres, & l'orbite qu'il décrit autour du Soleil est d'environ 51-084 demi-diametres de notre terre en 88 jours, qui font 73-177-830 de nos lieues : ses habitans sont quelquefois éclairés, pendant leurs nuits, de Vénus, qui leur paroît comme une petite Lune.

Comme Mercure est de toutes les Planetes le plus près du Soleil, il en est beaucoup plus tourmenté, & son mouvement en est d'autant plus vif, que la violence du feu & du tourbillon du Soleil sur son axe, a plus de force par sa proximité, de sorte que les autres Planetes sont de moins en moins tourmentées du Soleil à proportion de leurs distances de lui, parce que le pouvoir du Soleil diminue de force à proportion de la grandeur des quarrés des distances, c'est ce qui fait que Saturne, à cause de son grand éloignement du Soleil, va cinq fois plus lentement que Mercure dans la révolution périodique qu'il décrit autour de cet astre. On éclaircira encore mieux tout cela après avoir parcouru toutes les Planetes & Satellites selon l'ordre ci-dessus dit. Il est à présumer que les habitans de Mercure doivent avoir chaud, puisqu'ils voyent le Soleil neuf fois plus grand que nous le voyons ; mais il est à croire aussi que la nature les a créés d'une maniere & d'une constitution à n'être point incommodé par trop de cette grande chaleur : avec cela l'on pourroit encore s'imaginer que la nature toujours induſtrieuſe pour la conſervation de ſes productions & leur bien-être, peut forcer le tourbillon de Mercure & la proximité où il eſt du Soleil à lui donner une rotation différente de celle de notre Terre, & que par ce moyen Mercure n'ayant ni poles, ni ligne équinoxiale, donneroit à toutes les parties de ce globe des chaleurs & des raffraichiſſemens alternatifs par égale portion ; de façon qu'il ne puiſſe pas y avoir, comme à notre Terre, des pays chauds & des pays froids, dont les deux extrêmes ou différences ſont conſidérables.

Il peut ſe faire que par les habitans que je dis être dans Mercure, il ſe trouve des dévots, d'un eſprit borné & d'une dévotion mal entendue, qui diront que c'eſt contre la religion de dire & de croire qu'il y a des habitans dans les Planetes, dans l'idée qu'ils ont que des habitans doivent être des hommes, & cela faute de ſçavoir combien la nature eſt ingénieuſe à différencier tous les êtres animés, ainſi que toutes les productions : par conſéquent pour les en diſſuader, je lui dirai que les habitans de Mercure, ainſi que les productions de cette terre, ſont tout différens de ceux de Vénus, & que ceux de Vénus ſont différens de ceux de notre Terre, & ainſi des autres Planetes & Satellites & mondes poſſibles, & qu'aucuns globes, aucunes Planetes, &c. ne ſe reſſemblent tant en groſſeurs, figures, ſituations, matieres, habitans, ou êtres animés, nourritures & plantes, &c. Ainſi je prétends, malgré le faux ſcrupule de ces gens bornés, qu'il n'y a aucuns globes, ni Planetes majeures & ſubalternes ſans habitans. N'y a-t-il pas des endroits de la Terre que nous habitons, où il ne s'y trouve point d'hommes, & pas moins habités par d'autres eſpeces ou animaux qui ſont même différens des nôtres? Voyez le Spectacle de la Nature, voyez les Relations des Voyageurs, & vous verrez l'inépuiſable induſtrie de la nature; il ne faut donc pas aller ailleurs que chez nous pour faire voir que tout eſt différent dans la nature & dans l'univers.

Vénus eſt une Planete égale en groſſeur à la Terre que nous habitons, ſa diſtance du Soleil eſt dans ſon plus éloigné ou apogée à 16-014 demi-diametres, ce qui fait 22-942-900 lieues, & dans ſon plus près ou perigée, elle n'en eſt éloignée que de 15-796 demi-diametres de notre Terre, qui font 21-627-600 lieues, ſon tour ſur elle-même ou ſur ſon axe eſt de 23 de nos heures & 20 minutes, ce qui fait la durée de ſon jour : elle fait ſa révolution périodique autour du Soleil en 224 de nos jours & 18 heures, qui lui fait ſon année ſolaire, enſorte qu'elle fait 95-436 demi-diametres dans le cercle qu'elle décrit autour du ſoleil en 224 jours & 18 heures, ce qui s'appelle révolution périodique outre ſon tour ſur elle-même : & ſi vous voulez ſçavoir combien cela fait de lieues, vous n'avez qu'à multiplier 95-436 par 1432 $\frac{1}{2}$, qui eſt le nombre de lieues que le demi-diametre de notre Terre contient, vous trouverez ce que vous déſirez.

Vénus eſt tantôt plus près & tantôt plus éloignée de nous; & dans ſon plus près, elle n'en eſt éloignée que d'environ 6094 demi-diametres, & elle eſt pour lors entre le Soleil & notre Terre, & nous paroît en petit croiſſant lorſqu'elle nous ſemble s'éloigner du Soleil, & elle devient enſuite comme une petite Lune, lorſqu'elle nous paroît être dans ſon plus éloigné du Soleil ; on la voit mieux au Soleil couchant qu'au Soleil levant, quand elle eſt dans ſon plus éloigné de nous, ſa diſtance eſt de 31-812 demi-diametres, de ſorte qu'elle nous paroît plus petite en ce temps-là, & est pour lors au-dessus du Soleil, c'est-à-dire que le Soleil est au milieu entr'elle & nous, elle voit le Soleil plus gros que nous le voyons, parce qu'elle en est plus près d'un peu plus d'un tiers.

Ensuite vient notre Terre qui est d'un million de fois plus petite que le Soleil, ainsi que Vénus, qui est égale en grosseur à la Terre.

Notre Terre a de diametre 2865 lieues, & peut avoir environ 9000 lieues de circonférence, sa distance du Soleil dans son plus éloigné est de 22-374 demi-diametres de notre Terre, & dans son plus près de 21-626 demi-diametres ou 31-504 000 lieues; son tour sur elle-même ou sur son axe est de 23 heures 56 minutes, & les 4 minutes qui manque pour completer les 24 heures que notre jour & nuit est composé, sont pris sur la révolution périodique qu'elle fait autour du Soleil en 365 jours 5 heures 48 minutes, ce qui fait notre année solaire; les 5 heures 48 minutes, sont cause que tous les 4 ans on ajoute un jour de plus au mois de Février, & cette 4e année s'appelle année Bissextile: & comme il y a 99 Lunes à peu de chose près pendant l'espace de 8 années, ou 96 mois solaires, il faut pendant le cours de de ces 8 années avoir 3 Lunes, qu'on appelle Lunes Intercalaires, pour les distinguer des autres, qui ont chacune le nom de leurs mois, & ce sont ces Lunes Intercalaires qui causent les retards ou l'avancement de la Pâque, parce qu'il faut que la Pâque arrive toujours dans le plus près de la pleine Lune de Mars.

Notre Terre fait aux environs de 132000 demi-diametres par an dans la révolution périodique qu'elle décrit autour du Soleil, en 365 jours 5 heures 48 minutes, ce qui fait 188 millions de lieues par an. Ci

	188-000-000 lieues,
cela fait par mois	15-666-666 lieues,
cela fait par jour	522-220 lieues,
cela fait par heure	21-760 lieues,
cela fait en une minute	362 lieues,
cela fait en une seconde	6 lieues,

outre cela, la terre fait 366 tours sur elle-même, tout en tournant autour du Soleil en 365 jours, sçavoir, un tour sur elle-même en 23 heures 56 minutes, & un autre tour semblable en 365 jours, tout en faisant sa révolution totale autour du Soleil.

Sans doute on va me dire qu'il est surprenant & même impossible de croire que la Terre puisse faire 6 lieues en une seconde, en circulant autour du Soleil; mais on ne ſera pas ſi étonné, quand on ſçaura que c'eſt l'enchaînement du tourbillon athmoſphérique du Soleil, qui enchaîne & emmene avec lui les Planetes, & qui les fait circuler autour de lui dans les mêmes proportions de viteſſe qu'il tourne ſur ſon axe, & auſſi dans les mêmes proportions de vigueur de leurs différentes diſtances de lui : & comme le Soleil fait par ſon mouvement central & ſa rotation ſur ſon axe, plus de dix lieues en une ſeconde, & que Mercure en fait 9 par la viteſſe de ſa révolution, il eſt par-là aiſé à comprendre que la Terre qui eſt plus éloignée du Soleil que Mercure, doit avoir beaucoup moins de mouvement, parce que le tourbillon athmoſphérique du Soleil qui s'étend juſqu'à Saturne, va plus rapidement à l'endroit où eſt Mercure, qu'à celui où eſt la Terre, enſorte que la Terre étant emmenée & emportée avec l'enchaînure du tourbillon du Soleil, cela eſt cauſe que nous ne nous ſentons pas de ce terrible mouvement, avec d'autant plus de raiſon que la Terre avec ſon athmoſphere, ſans que rien ſe dérange, va & ſe laiſſe emporter ſans aucune réſiſtance; ainſi la Terre avec tout ce qui lui aptient, & ſon athmoſphere, & l'enchaînement du tourbillon du Soleil, vont enſemble de compagnie en ſe roulant de la même façon que l'athmoſphere du Soleil ſe roule en cheminant, ſans que rien paroiſſe ſe mouvoir, & c'eſt ce qui fait que nous ne nous appercevons pas de la moindre choſe de ce travail : il n'y a que ceux qui habitent ſous l'Equateur ou près de lui, qui ſe ſentent quelquefois des échappés de ce terrible tourbillonnage.

Je reviens, & je dis que le milieu de la Terre entre les deux poles, qu'on appelle l'Equateur, ou ligne équinoxiale, fait aux environs de 9000 lieues par jour en tournant ſur ſon axe, & plus les endroits de la terre approchent des deux poles, moins le tour qu'ils font eſt grand, de ſorte que les habitans qui ſe trouvent directement ſous les deux poles, ne tournent qu'en pirouettant, comme qui diroit une ſtatue qui ſeroit placée ſur un piveau, & qu'on faſſe tourner cette figure ſur ſon piveau, afin que tous ceux qui ſeroient autour d'elle, la puiſſent voir tour à tour en face, & que l'on faſſe durer ce tour-là 24 heures.

Ces habitans-là ont ſix mois de jour & ſix mois de nuits conſécutives, de façon que pendant leurs ſix mois de jour, le Soleil tourne tout autour d'eux, & ne ſe couche point pendant tout ce temps-là ;

mais vers la fin de ces ſix mois de jour, le Soleil ſe trouve pour eux à raze terre tout à l'entour d'eux, & enfin s'abaiſſe peu à peu, de façon qu'ils ont enſuite un mois de crépuſcule & 4 mois de nuit totale, au bout deſquels il leur vient un autre mois de crépuſcule qui leur annonce que le Soleil remonte ſur leur horizon ; mais il eſt à remarquer que lorſque les habitans du pole arctique qui eſt celui que nous voyons du côté du Nord autour duquel tourne la grande Ourſe, ou le Charriot, ainſi que la petite Ourſe, dont l'étoile polaire eſt au milieu, ces habitans, dis-je, du pole arctique, lorſqu'ils ont ſix mois de jour, les habitans du pole antarctique (* qui eſt l'autre côté oppoſé en droite ligne méridionale) ont ſix mois de nuit : ainſi les habitans du pole antarctique ont ſix mois de jour, pendant que les habitans du pole arctique ont ſix mois de nuit, de façon que le jour commence à paroître aux habitans du pole arctique, lors de l'équinoxe du Printemps, & ne finit qu'à l'équinoxe d'Automne, & les autres ſix mois ils ont la nuit, aulieu que les habitans du pole antarctique ont le jour, à commencer de

* Le pole antarctique ne peut pas ſe voir dans la ſituation où nous ſommes, parce qu'il eſt en partie ſous nous.

l'équinoxe d'automne, & fini à l'équinoxe du printemps, & ont la nuit les ſix autres mois : le crépuſcule des deux poles eſt tout autour d'eux, au lieu que nous ne l'avons qu'au levant & au couchant.

Comme il fait toujours froid ſous les deux poles, & qu'on ne peut pas en approcher à cauſe des glaces, on ne ſçait pas poſitivement s'il y a des hommes ; mais on ſçait qu'il y a des ours blancs & des tigres que l'on voit courir ſur les glaces, ſuivant des relations de voyageurs par mer.

Pour bien comprendre ce que c'eſt que les deux poles, on peut les comparer à une broche, au milieu de laquelle ſeroit embrochée une piéce de viande bien ronde, & de ſuppoſer que les deux bouts de la broche ſont les deux poles, & qu'on faſſe tourner cette broche devant le feu par le moyen d'un tournebroche : vous verrez que cette viande tourne ſur elle-même vers le feu, que je ſuppoſe être le Soleil ; mais en même temps vous remarquerez que le milieu de cette viande tourne d'une maniere différente que les deux endroits qui touchent la broche, vous verrez, dis-je, que les deux côtés de la viande qui touchent cette broche, ne tournent qu'en pirouettant, parce qu'ils ſont tous les deux ſuppoſés être les deux poles de notre Terre, & que le milieu de cette viande, que l'on peut nommer l'Equateur, tourne du haut en bas & du bas en haut, & fait beaucoup plus de chemin que ce qui eſt ſur les bords de la broche : vous comprendrez facilement que le milieu de cette viande doit être beaucoup plus échauffé que les deux côtés qui touchent la broche. L'on peut, de tout ce que je viens de dire, comparer le feu au Soleil, la viande au globe de notre Terre, & les deux bouts de la broche aux deux poles, qui font comme l'eſſieu d'un carroſſe : car les roues d'un carroſſe tournent ſur un eſſieu, & les deux bouts de cet eſſieu peuvent ſe comparer aux deux poles.

Il s'enſuit donc de tout cela, que lorſque la partie de cette viande qui eſt en haut commence à voir le feu, c'eſt la même choſe comme quand nous voyons le Soleil levant : & lorſque cette même partie de viande s'abbaiſſe en tournant vers le feu, juſqu'au vis-à-vis de ce feu, c'eſt la même choſe comme quand nous avons le Soleil à midi, & à meſure qu'elle s'abbaiſſe vers la léchefrite, c'eſt de même comme quand nous avons le Soleil couchant ; & lorſque cette même partie s'éleve en dehors du feu, & qu'elle ne voit plus le feu, elle est pour lors comme quand nous avons la nuit : tout cela me paroît bien aisé à comprendre.

Il ne reste plus qu'à faire voir le mouvement que la Terre fait, outre son tour sur elle-même vers le Soleil, afin de faire connoître pourquoi le Soleil nous paroît bas dans l'hyver & haut sur presque notre tête dans l'été.

Pour cela, il faut faire voir que la Terre n'est point embrochée comme cette viande, ne l'ayant supposée ainsi que pour faire comprendre où doivent être les poles de la Terre & du monde, en la voyant tourner sur elle-même vis-à-vis le foyer ou vis-à-vis le Soleil : car c'est la même chose, puisque le Soleil est un foyer.

Ce mouvement de la Terre, outre son tour sur elle-même, est qu'elle décrit un cercle autour du Soleil d'une façon oblique, en se tournant peu-à-peu du côté du pole arctique, sans s'en approcher : * bien au contraire, elle s'approche du Soleil, & cela pendant six mois qu'elle fait son demi-cercle, & les six autres

* Au College de Navarre M. l'Abbé Nollet a expliqué cet article de cette maniere, apparemment pour donner plus de facilité à pouvoir faire comprendre les déclinaisons australes & boréales du Soleil, lesquelles déclinaisons ne sont qu'apparentes.

mois, elle acheve son cercle autour du Soleil, dans une obliquité ou diurnité contraire, en se tournant peu-à-peu du côté du Soleil & en s'en éloignant; & ces deux mouvemens de s'approcher & de s'éloigner du Soleil, s'appellent, en termes astronomiques, sçavoir le premier, centripete, & l'autre centrifuge, occasionné par l'attraction au centre qui est le Soleil, & par son repoussement; voila ce qui est cause que le Soleil pendant le centripete, paroît se lever de plus bas en plus bas & se coucher de même, & que nous ne le voyons à son midi quand il est à son plus bas, pour ainsi dire, qu'en chanfrein (terme de Menuisier), & c'est ce qui nous donne l'hyver: & voila aussi ce qui est cause que le Soleil pendant le centrifuge paroît s'élever peu-à-peu vers nous, jusqu'enfin presque sur notre tête, qui fait augmenter les jours & diminuer les nuits, & donne les chaleurs de l'été, qui font produire la terre pour le besoin de ses habitans.

Il y a des opinions différentes sur cet article, lesquelles demandent une explication plus nette & plus claire: car comme l'on voit toujours l'étoile polaire à la même distance ou à la même hauteur, l'hyver comme l'été, à peu de chose près, il feroit plus vraifemblable de croire que le Soleil, conjointement avec la Terre, feroient réciproquement les frais de ce mouvement ; mais, felon moi, ce raifonnement-là n'eft point encore le véritable, car je vois la Lune nous copier, c'eft-à-dire, que la Lune fait en 27 jours environ, l'ouvrage que la Terre fait en un an, & même elle fait quelquefois plus que la terre ; car fouvent quand la Lune fe leve dans fon plus bas, elle eft plus baffe que le Soleil n'eft dans le plus bas de l'hyver que nous appellons le folftice d'hyver ; il en eft de même quand elle eft dans fon plus haut, puifqu'elle eft plus fur notre tête que n'eft le Soleil dans fon plus haut, qui eft le folftice d'été : & la preuve en eft bien convaincante, puifque le Soleil ne paffe jamais 23 degrés 28 minutes 15 fecondes par de-là & en deçà de l'Equateur, & que la Lune va à plus de 28 degrés par de-là & en de-çà du même Equateur, ce qui s'appelle déclinaifon auftrale & boréale.

Ainfi il eft à croire, & on ne doit pas même en douter, que la Terre a le même mouvement en un an autour du Soleil, que la Lune en 27 jours autour de la Terre ; par conféquent la Lune fait en 27 jours fes déclinaifons auftrales & boréales autour de la Terre, comme la Terre fait en un an ses déclinaisons australes & boréales en circulant autour du Soleil : or quand la Terre est dans sa déclinaison australe à l'égard du Soleil, depuis le commencement du printemps jusqu'à la fin de l'été, le Soleil nous paroît être dans sa déclinaison boréale pendant tout ce temps-là ; & lorsque la Terre est dans sa déclinaison boréale de même à l'égard du Soleil, depuis le commencement de l'automne jusqu'à la fin de l'hyver, le Soleil nous paroît être dans sa déclinaison australe; & voila la seule cause pourquoi nous avons le Soleil haut dans l'été & bas dans l'hyver, sans que la Terre soit obligée pour cela de changer la situation de ses poles & de son Equateur, & par la même raison, les déclinaisons du Soleil tant boréales qu'australes ne sont qu'apparentes.

Les Planetes ont de même leurs déclinaisons australes & boréales à l'égard de l'Equateur, de la Terre & du Soleil, lesquelles déclinaisons sont réelles & non apparentes ; & pour bien comprendre l'effet de ce mouvement, il n'y a qu'à voir dans l'usage des Globes céleste & terrestre du sieur Bion, chapitre 14 page 98 & les suivantes, avec les planches 15

16, ce qu'il en dit, où je renvoye ceux qui veulent s'inſtruire plus à fond.

Les habitans qui ſont placés à la même diſtance du pole antarctique que nous le ſommes du pole arctique, ont le Soleil haut quand nous l'avons bas, & bas quand nous l'avons haut; par conſéquent ils ont l'été quand nous avons l'hyver & l'hyver quand nous avons l'été; ils voyent le Soleil ſe lever à leur droite, & ſe coucher à leur gauche, au lieu que nous le voyons lever à notre gauche & ſe coucher à notre droite.

Il s'enſuit de-là que, comme j'ai dit que le Soleil étoit plus près de nous dans notre hyver que dans notre été, les habitans dont je viens de parler, qui ont l'été quand nous avons l'hyver, doivent avoir plus chaud dans leur été que nous dans le nôtre, parce qu'il eſt ſenſé que plus on eſt près du feu, plus on ſent la chaleur, & par conſéquent plus on eſt près du Soleil qui eſt un feu, plus on doit avoir chaud; mais on devroit faire aller d'habiles Aſtronomes, ſi fait n'a été, dans ces cantons-là, pour examiner ſi à ce point de vûe les obſervations ſont conformes aux nôtres dans notre point de vûe, & il faudroit, pour bien faire, qu'ils y reſtaſſent l'année entiere, tant pour les choſes dont eſt queſtion, que pour toutes choſes généralement quelconques, & finalement afin d'examiner ſi leur été qui eſt notre hyver, on voit le Soleil de la même grandeur que nous le voyons ici, tant en ſe levant, qu'à ſon midi & qu'à ſon couchant; de même examiner ſi dans leur hyver qui eſt notre été, on voit le Soleil auſſi petit que nous le voyons, tant en ſe levant, qu'à ſon midi & qu'à ſon couchant; & ſi, après avoir bien fait ces examens avec tous les inſtrumens néceſſaires, & exactement les mêmes avec leſquels on a examiné ici, on ſe trouve en conformité, il n'y a nulle difficulté d'y croire; mais je doute de cette conformité.

Je reviens ſur mes pas, & je dis que la Terre qui tourne ſur ſon axe, ne fait tourner les habitans qui ſont ſous les deux poles, qu'en pirouettant, au lieu que ceux qui ſont ſous l'Equateur ou ligne équinoxiale, qui eſt le milieu directement entre les deux poles, tournent d'une maniere toute différente, puiſqu'ils tournent avec la Terre, de notre Occident à notre Orient, & de notre Orient aux Antipodes, & des Antipodes à l'Occident. Il eſt à remarquer que notre Occident eſt l'Orient des Antipodes, & que notre Orient eſt leur Occident : car quand le Soleil ſe leve pour nous qui eſt notre Orient, il ſe couche chez eux; & quand il ſe couche chez nous il ſe leve chez eux, de façon qu'à notre minuit, nous ſommes où étoient les Antipodes, & dans la même ſituation qu'ils étoient quand nous avions midi : & à notre midi, nous ſommes dans la même ſituation que les Antipodes étoient à notre minuit; & cela eſt occaſionné par le roulement de la Terre ſur elle-même, & il ſembleroit de tout cela que nous avons la tête en bas & les pieds en haut, quand nous ſommes ſitués comme étoient les Antipodes, & cela eſt vrai auſſi en quelque façon ; mais il n'y a point de haut & bas dans ce que nous appellons notre tourbillon, & le centre de notre Terre : car tout ce qui eſt ſur la ſurface de la Terre en équilibre eſt droit ſur ſon centre, quoiqu'il ne le paroiſſe pas à notre égard, comme qui diroit un peloton en forme de boule, autour duquel on y piqueroit des épingles tout autour & dans tous les ſens : car voila comme tous les hommes ſe trouvent placés ſur toute la ſurface de la Terre, & cependant chacun ſe trouve droit à ſon égard, parce que nous appartenons à la Terre, comme étant une portion d'elle-même, & c'eſt par cette raiſon que nous ne pouvons nous en écarter, de maniere que nous paroiſſons tomber lorſque nous ſommes en l'air mal arrêtés; car ce n'eſt pas que nous tombions, c'eſt la Terre qui nous attire à elle, attendu qu'elle ne veut rien perdre de ſa valeur & de ſon tout, elle eſt comme l'aimant qui attire à lui le fer & l'acier; en un mot, tout ce qui appartient & fait partie d'une choſe, ne peut s'en ſéparer; cette choſe eſt notre Terre, autre choſe c'eſt la Lune, autre choſe c'eſt Vénus, &c. enſorte que toutes les Planetes, les Satellites, les Soleils, car il y en a pluſieurs qui ont chacun des mondes à éclairer dans leurs Empires, ſont tous compoſés d'une maniere à ne pouvoir jamais ſympathiſer les uns avec les autres, de façon que toutes ces choſes ne peuvent s'approcher plus près que ce qui leur eſt preſcrit par les loix de la Nature, & ſans cela tout ſeroit confondu, & nous ſerions encore dans le cahos des Poëtes: ainſi chaque choſe a ſon mouvement différent & ſa circulation différente, chacun s'eſt placé à l'annexe de ſa matiere, de ſa conſtitution, & de ſa prédétermination, de façon qu'aucun d'eux ne ſe diſpute le terrein qu'il occupe, & chacun ſe trouve content de ſa place: ils ont chacun un eſpace où ils ſe promenent; mais ils obſervent exactement de ne pas ſortir de leurs limites, y étant forcés par la prédétermination de leur nature, & il n'y a que le suprême Chef de la nature, qui n'est point nature, & qui n'a point de nature. La nature est ingénieuse & inépuisable à engendrer, à former, & à produire toutes choses généralement quelconques, d'une maniere si dissemblable les unes des autres, qu'en un mot rien dans toute la nature, de telle espéce que ce puisse être, ne se ressemble, ni par les figures, ni par les propriétés, ni par les organes, &c. de façon que la diversité est si grande & si immense, qu'il est impossible de pouvoir définir son industrie, puisqu'il n'y a pas deux hommes sur la Terre, ni deux feuilles d'arbres qui se ressemblent directement.

Je reviens encore sur mes pas, pour continuer de dire, que, si la terre n'attiroit pas à elle tout ce qui lui appartient, ceux qui seroient aux Antipodes tomberoient, & s'échapperoient de la Terre malgré eux : car comme la Terre tourne toujours sans cesse sur elle-même, comme on l'a fait connoître, il est sensé que toutes les portions de la Terre qui seroient détachées d'elle, de même que les eaux qui sont liquides, se renverseroient & se répandroient sans pouvoir dire où tout cela iroit. Ne voit-on pas que quand une table se renverse, que tout ce qui eſt deſſus tombe par terre, ainſi qu'un vaiſſeau plein d'eau ſe renverſeroit, ſi on tournoit ce vaiſſeau ſans deſſus deſſous, c'eſt ce qui fait voir que la Terre veut, que tout ce qui eſt ſur ſa ſurface, ſoit en équilibre, cet équilibre eſt, qu'il faut que de notre tête à nos pieds, & juſqu'au centre de la Terre, cela ne faſſe qu'une ligne droite, en tel endroit de la Terre que nous puiſſions être, non-ſeulement nous, mais une maiſon, une tour & tout autre édifice: enfin la terre nous tient, nous ſerre, & nous attache à elle, & ſur elle, par des liens inviſibles, d'une façon ſi ſurprenante, que les liens qui nous y attachent, ne nous empêchent pas d'aller & de venir, de voyager, & de faire même le tour de ſa ſurface, ſans que pour cela nous puiſſions nous en échapper pour nous ſauver, par exemple, ſur la Lune, qui eſt le Satellite ou la Planete la plus proche de nous, enſorte que nous ſommes comme des priſonniers ſur elle, d'une façon ſi étroite & ſi ſerrée, que nous avons beau nous élever & vouloir nous échapper, elle a le ſecret de nous en punir en nous attirant à elle avec tant de force & de vigueur, que nous paroiſſons tomber ſur elle avec rapidité : & voilà ce qui eſt cauſe que tout ce qui eſt détaché de la Terre

Terre, paroît avoir un poids vers elle, & cela, parce que nous sommes ses enfans & ses esclaves, & faisons partie & portion d'elle; mais aussi pour rendre notre esclavage plus supportable, elle fait sortir de son sein, aidée du Soleil, les alimens nécessaires pour notre conservation, ce qui nous rend de plus en plus portion d'elle-même : car si nous avions le secret de faire venir des alimens & de la boisson produits sur la Lune, & qu'ils nous fussent propres à notre nourriture, il s'ensuivroit que petit-à-petit nous deviendrions Terre lunaire, laquelle nous attireroit à elle, comme faisant portion d'elle-même, & nous nous sentirions tomber sur elle, comme nous nous imaginons tomber sur notre Terre, & pour lors, nous aurions un poids vers la Lune, & non vers la Terre : car la nourriture dont nous faisons usage, nous rend analogue au terroir où il a été produit. Cet endroit-ci paroîtra un peu fort, & pour l'adoucir, je dis que cela nous rendroit Terre mitoyenne de la Lune & de notre Terre.

Les habitans qui sont sous l'Equateur ou ligne équinoxiale, qui est le juste milieu entre les deux poles, ont deux étés très-chauds, & deux printemps, & cela en un an, & n'ont point d'hyver ; mais ces deux printemps qu'ils ont, ſont auſſi chauds que nos étés ordinaires, ils ont la plupart deux récoltes par an, leſquels ne valent ſouvent pas une des nôtres.

Dans notre automne & notre hyver, ils voyent comme nous le Soleil ſe lever & ſe coucher ſur leur droite, & dans notre printemps & notre été, ils voyent le Soleil de l'autre ſens oppoſé, qui eſt le côté du pole arctique, & pour lors le Soleil leur paroît ſe lever à leur droite, & ſe coucher à leur gauche.

Enſorte qu'à l'équinoxe d'automne, qui arrive le 21 ou 22 Septembre, ils ont le Soleil perpendiculairement en droite ligne ſur leur tête, & ne fait ombre à rien, ce qui s'appelle avoir le Soleil à ſon zenit, ce qui fait le milieu d'un de leurs étés, enſuite il deſcend du côté du pole antarctique (qu'ils voyent à raze terre toujours,) juſques au 20 Décembre, ce qui fait le milieu d'un de leurs printemps, delà il remonte juſqu'au 20 Mars, & ils ont en ce moment-là de rechef le Soleil ſur leur tête, ou à leur zénit, ce qui leur fait le milieu d'un ſecond été, & de-là il deſcend de l'autre ſens pour eux, de maniere qu'il faut qu'ils ſe retournent de l'autre côté oppoſé, qui eſt le pole arctique, (qu'ils voyent de même à raze terre) pour voir le Soleil se lever & se coucher de leur droite à leur gauche, & il baisse pour eux de cette maniere pendant trois mois, c'est-à-dire, jusqu'au 20 ou 21 de Juin, qui est le milieu d'un second printemps, & le revoyent monter ensuite jusqu'au 20 Septembre, & ainsi de suite, comme on l'a dit ci-dessus ; ce qui fait voir qu'ils ont une chaleur excessive, à laquelle ils doivent être habitués. J'ai vu des Marins qui ont voyagé dans ces pays-là, lesquels m'ont assuré que la plûpart des Villes ont des chemins souterreins, pour vaquer à leurs affaires, car il ne leur est pas possible en leurs temps d'été, d'aller en plein midi dans les rues découvertes, & indépendamment des chemins souterreins, les rues sont bannées.

Les habitans qui sont au milieu, entre l'Equateur & le pole arctique, qui est à-peu-près le lieu où nous sommes à Paris, sont dans une zone tempérée, & dans le meilleur endroit & le plus agréable de la Terre, & le moins sujet aux grands accidens des volcans, des tremblemens de Terre, & des grands échappés de notre athmosphere, parce que, dans cet endroit-ci, nous sommes comme à l'abri de ces grands accidens, attendu que nous sommes bien moins élevés que ceux qui sont à l'Equateur.

Et pour revenir à mon ſujet, & à l'ordre que je me ſuis preſcrit, me voilà au rang où il faut parler de la Lune.

La Lune eſt un petit globe de Terre, qui eſt notre Satellite & notre unique enfant, laquelle nous eſt entierement attachée, de maniere qu'elle ne nous abandonne point : car outre qu'elle tourne autour de nous, elle nous ſuit dans le voyage que notre Terre fait autour du Soleil, parce qu'elle s'y trouve entraînée malgré elle avec notre tourbillon, c'eſt à-dire, que la Terre entraîne & pouſſe la Lune avec elle, tout en faiſant ſa circulation autour du Soleil. Ce Satellite de la Terre que nous appellons la Lune, a un peu plus du quart du diametre de la Terre, ce qui fait la treiziéme partie de ſa ſurface, & n'eſt que la cinquantiéme partie de la ſolidité de notre globe. La Lune eſt dans ſon plus éloigné de nous à 62 demi-diametres de la Terre, & dans ſon plus près elle n'en eſt qu'à 54 demi-diametres ; elle tourne ſur ſon axe en même temps qu'elle fait ſa révolution autour de la Terre en 27 de nos jours : mais comme pendant le cours de ces 27 jours, la Terre fait environ la 13e partie de ſon orbite autour du Soleil, il faut par rapport à cela, que la Lune faſſe encore 2 jours & demi de marche, pour qu'elle ſe trouve directement au milieu, entre le Soleil & la Terre, pour completter une Lune de 29 jour & demi, & c'est dans ce moment-là que nous avons nouvelle Lune : & si la Terre ne tournoit pas autour du Soleil, chaque Lune ne seroit que de 27 jours, au lieu de 29 $\frac{1}{2}$; & si vous voulez sçavoir combien la moyenne distance de la Lune à la Terre, qui est de 58 demi-diametres, font de lieues, vous n'avez qu'à multiplier 1432 $\frac{1}{2}$ par 58, vous trouverez que cela fait 83-085 lieues, & par le même moyen, vous trouverez les distances des autres Planetes en lieues, au lieu de demi-diametres.

Je dis donc que la Lune tourne autour de la Terre, en même temps qu'elle tourne sur elle-même ou sur son axe, en 27 jours, & qu'il faut ajouter 2 jours $\frac{1}{2}$, à cause de la marche de la Terre autour du Soleil; ce qui fait 29 jours $\frac{1}{2}$ pour former une Lune, composée de nouvelle Lune, de croissant, de demi-Lune ou premier quartier, de pleine Lune, de déclin, & enfin de dernier quartier & de décroissement que nous voyons à la fin de nos nuits, & les 4 quartiers de la Lune se nomment phases, les jours & nuits de la Lune sont de 27 de nos jours, parce qu'elle est ce temps-là à tourner sur son axe vers le Soleil, par conséquent elle a 13 jours & demi toujours de jours, & 13 jours ½ toujours de nuit; nous lui servons de Lune comme elle nous en sert, à cette différence que nous lui paroissons les trois quarts plus grand qu'elle ne nous paroît: & comme la Lune ne tourne point à notre égard, nous lui voyons toujours la même face, à peu de chose près, & il n'y a par la même raison, que cette même face qui nous voit, l'autre face opposée ne nous voit jamais, & si elle tournoit à notre égard aulieu de tourner à l'égard du Soleil, & vers le Soleil, elle auroit un côté toujours de jour, & l'autre côté toujours de nuit, aulieu que le Créateur qui prévoit tout, & qui a tout prévu en faisant son ouvrage, a mieux aimé qu'un côté de la Lune fut privé de nous voir, que d'être privé de la vûe du Soleil.

Je répéte encore que la Lune tourne autour de notre Terre, pour faire voir qu'au moyen de ce mouvement, elle est tantôt plus éloignée du Soleil, & tantôt plus près, & par la même raison, elle est dans ce que nous appellons nouvelle Lune, plus près du Soleil que nous de 29 diametres ou 58 demi-diametres, quelquefois un peu plus & quelquefois un peu moins, à cause de son centripete & de ſon centrifuge, & dans la pleine Lune, elle en eſt plus éloignée que nous de la même quantité de 29 diametres de la Terre, un peu plus ou moins, par la même raiſon que l'on vient de dire : or dans la nouvelle Lune, elle eſt au milieu entre le Soleil & notre Terre, & pour lors le Soleil éclaire la face de la Lune qui eſt oppoſée à nous, & la face qui eſt vers nous eſt obſcure comme une lumiere qui ſeroit derriere un homme pendant la nuit, ne pourroit éclairer que le derriere de ſa tête, & ſon viſage ſeroit dans l'obſcurité, & ceux qui ſeroient devant lui à un certain éloignement, ne verroient qu'un viſage noir, à cette diſtinction près que le Soleil étant au-deſſus de la Lune, nous ne pouvons la voir en ce moment par rapport à la grande vivacité de la lumiere du Soleil qui efface tout ce qui l'environne ; c'eſt ce qui fait que dans la nouvelle Lune nous ne la voyons point du tout, ce n'eſt qu'à meſure qu'elle s'éloigne du Soleil en faiſant ſon cercle autour de nous, que nous appercevons ſon croiſſant, qui grandit tous les jours à-peu-près d'une quinziéme partie de ſa face qui eſt vers nous, & qui devient peu-à-peu dans ſon plein, ce qui veut dire que le Soleil lui voit entierement la face qui eſt vers nous, & pour lors la

Terre ſe trouve au milieu entre le Soleil & la Lune, & par cette raiſon la Lune ne nous voit point du tout, & nous lui ſommes nouvelle Lune, au lieu que quand nous avons nouvelle Lune, elle nous voit en plein, & nous lui ſommes par conſéquent pleine Lune, parce que le Soleil éclaire la face de la Terre qui eſt vers elle. Par la Planche ci-jointe, vous verrez l'effet des 4 phaſes de la Lune, & de la maniere qu'elle ſe trouve placée à l'égard du Soleil & de la Terre, dans chaque quartier ou phaſe.

Il eſt aiſé de conclure de tout ce que je viens de dire, que nous devons avoir en de certains temps, des Eclipſes de Soleil & des Eclipſes de Lune : c'eſt ce que je vais faire voir : ſçavoir,

L'Eclipſe du Soleil arrive quelquefois lorſque nous avons nouvelle Lune, parce que la Lune ſe trouvant toujours dans ce moment-là au milieu, entre le Soleil & notre Terre, ces trois globes ſe rencontrant en droite ligne, la Lune nous cache la vûe du Soleil, & nous avons par conſéquent une Eclipſe de Soleil, & en même temps la Lune voit une portion de notre Terre s'éclipſer, & elle a Eclipſe de notre Terre qui eſt ſa Lune : & quand nous avons pleine Lune, pour lors la

Terre ſe trouve au milieu entre le Soleil & la Lune; & ſi de même en ce moment ces trois globes ſe rencontrent en droite ligne, notre Terre cache à la Lune la vûe du Soleil, & cet obſtacle lui ôte ſa blancheur que le Soleil lui donne, & nous la rend obſcure & même noire, & voila ce qui nous cauſe une Eclipſe de Lune, & la Lune a en même temps une Eclipſe de Soleil, parce que notre Terre lui en cache la vûe; & on doit obſerver que lorſque nous avons une Eclipſe totale de Lune, & même ſans qu'elle ſoit abſolument totale, on voit entrer ſur la Lune l'ombre de la rondeur de la Terre, laquelle commence par le côté que nous habitons: & lorſque l'Eclipſe commence à décliner, on voit de même la rondeur de l'autre moitié de deſſous nous, que nous appellons Antipodes, de maniere que l'on voit que le Soleil éclaire la Lune par deſſous nous.

Il eſt à remarquer que lorſque la Lune nous cauſe une Eclipſe de Soleil, la face de la Terre n'eſt point éclipſée totalement, parce que la Lune n'eſt point aſſez grande pour cela, au lieu que la Terre peut éclipſer la Lune totalement, parce que la Terre eſt beaucoup plus grande que la Lune.

Enſorte que l'Eclipſe de Soleil que la Lune nous cauſe eſt en grand, ce qu'une moyenne nuée isolée & épaisse nous peut causer en petit. Cette nuée, en supposant qu'elle vienne de l'occident, & que le vent continue de la pousser du côté de l'orient, & supposer aussi que nous soyons en plein midi, pour mieux comprendre la chose, & supposer encore que le temps soit très-beau d'ailleurs par-tout, à l'exception de l'endroit où se trouve cette nuée, qui fait comme une tache au Ciel : cette nuée, dis-je, allant de l'occident à l'orient, elle éclipse le Soleil tout le long de la bande qu'elle trace dans sa marche, & tous les habitans qui se trouvent le long de cette bande, ont l'ombre de cette nuée qui leur éclipse le Soleil tour-à-tour, & ceux qui sont à l'occident, ont été les premiers privés de la vûe du Soleil, par le moyen de cette nuée.

Comme j'ai fait connoître, en commençant de parler de la Lune, que la Lune étoit tantôt plus près & tantôt plus éloignée de la Terre, & que j'ai fait voir que cette différence étoit de 8 demi-diametres de notre Terre ; il est aisé de comprendre par là que la Lune ne fait pas un cercle parfait, mais bien un cercle allongé en forme d'œuf ; & il est bon de faire connoître que la Lune, pendant qu'elle fait son demi-cercle autour de la Terre en

13 jours & demi, elle s'en approche de 8 demi-diametres, par le penchant naturel qu'elle a de vouloir tomber ſur la Terre, & ce mouvement de s'approcher de la Terre s'appelle centripete; & quand la Lune eſt à ſon plus près qui eſt à 54 demi-diametres de diſtance, l'on dit, en termes aſtronomiques, que la Lune eſt à ſon périgée; mais comme la Terre ne veut pas recevoir la Lune, ni lui permettre d'en approcher davantage, parce que les enfans ne rentrent jamais dans le ventre de leurs meres, quand ils en ſont une fois ſortis, la Terre & ſon tourbillon la repouſſe & l'éloigne pendant l'eſpace de 13 autres jours & demi, qui de 54 demi-diametres de diſtance qu'elle étoit, la chaſſe & repouſſe juſqu'à 62 demi-diametres, & ce mouvement-là s'appelle centrifuge, au bout duquel mouvement de centrifuge elle eſt à ſon apogée; enſorte qu'à ſon plus près de la Terre, on dit qu'elle eſt à ſon périgée; & dans ſon plus éloigné, on dit qu'elle eſt à ſon apogée : voila ce qui cauſe le mouvement de centripete & de centrifuge, que la Lune exerce pendant le cours de 27 jours qu'elle tourne autour de la Terre, en tournant en même temps ſur elle-même.

Les Planetes ont le même mouvement

de centripete & de centrifuge, comme on l'a déja fait voir en plusieurs occasions; mais leur mouvement est vers le Soleil, parce qu'elles sont enfans du Soleil, au lieu que les Satellites sont enfans des Planetes auxquelles ils sont assujettis : ainsi les Planetes tendent toutes à vouloir rentrer d'où elles sont sorties, qui est du Soleil, & le Soleil les repousse, quand elles sont à la portée de sa vigueur & de sa force, & ce repoussement étant trop violent, cela les recule plus loin du centre de leurs poids; de façon qu'à ce plus loin, le Soleil n'a plus la force de les contenir à cet endroit, & par cela leur donne la faculté de se rapprocher de lui, jusqu'à la distance où le Soleil a la force & le pouvoir de les repousser de rechef, & cela sans cesse & sans discontinuation, pendant le cours de leurs révolutions autour de lui. Cependant il faut sçavoir & faire attention, que les Planetes & les Satellites n'ont chacun qu'un mouvement de centripete, & qu'un mouvement de centrifuge dans chacune de leurs révolutions périodiques; & remarquer aussi que ces révolutions périodiques se font en différens temps, selon les différens éloignemens que chacunes d'elles sont du Soleil: tout cela s'éclaircira par la suite de ce discours.

Enſuite vient Mars, Planete ainſi nommée, laquelle n'eſt que les trois cinquiémes du diametre de la Terre, & fait le tiers de ſa ſurface & la cinquiéme partie du globe ou ſolidité de la Terre ; ſa plus grande diſtance d'elle au Soleil eſt de 36-630 demi-diametres qui eſt ſon apogée, & ſa plus proche diſtance eſt de 30-426 demi-diametres qui eſt ſon périgée, & elle tourne ſur elle-même ou ſur ſon axe en 24 de nos heures & 40 minutes, ce qui fait ſon jour : elle tourne autour du Soleil en un an 321 jours & 22 heures, ce qui fait ſon année. Ses habitans voyent le Soleil un peu moins grand que nous le voyons, parce qu'elle eſt plus éloignée de lui que nous d'environ 11-000 demi-diametres : & lorſque cette Planete n'eſt éloignée de nous que de 11-000 demi-diametres, la Terre eſt au milieu entre le Soleil & elle, & cela eſt cauſe qu'elle ne peut pas nous voir : il en eſt de même lorſqu'elle eſt dans ſon plus éloigné de nous, qui eſt de 56000 demi-diametres, parce que le Soleil eſt au milieu, entre elle & la Terre. Mars fait dans ſon année de 686 de nos jours, par la révolution périodique qu'il décrit autour du Soleil, 201-000 demi-diametres ou environ : au ſurplus Mars n'a rien de curieux.

La Planete nommée Jupiter, est la plus grosse de toutes les six, étant, selon les Astronomes, d'un peu plus de dix diametres de notre Terre, & en a 106 surfaces, ce qui ne doit la faire tout au plus que 1000 fois grosse comme notre globe, quoiqu'on la dise 1170 fois : sa distance la plus éloignée du Soleil est à 119-900 demi-diametres de la Terre, & dans son plus près, elle n'en est éloignée que de 108-900 demi-diametres, & cela à cause de son mouvement de centripete & de centrifuge, comme on l'a déja dit à l'égard des autres Planetes : son tour sur elle-même ou sur son axe est très-prompt pour sa grosseur, car elle n'est que 9 heures 56 minutes à faire cette rotation, ce qui fait son jour; mais il est 11 années & 313 jours à faire sa révolution périodique autour du Soleil, ce qui fait son année solaire. Jupiter a 4 enfans ou Satellites, qui sont des petits globes qui lui servent de Lunes, lesquels tournent tous les 4 autour de lui en différens temps & en différens cercles, selon & à proportion de leurs distances : il est à présumer qu'ils tournent en même temps sur leurs axes, ainsi que les autres Planetes, pour avoir des jours & des nuits; mais leurs éloignemens de nous, joint à leurs petitesses, sont cause que nous ne pouvons pas en avoir connoissance : l'on sçait seulement leurs circulations autour de Jupiter : sçavoir,

Le premier Satellite & le plus près de lui fait sa révolution périodique en 42 heures 29 minutes.

le second en 3 jours 13 h. 18 m.
le troisiéme en 7 jours 4 h.
& le quatriéme en 16 jours 18 h. 5 m.
& indépendamment de ce mouvement, ils suivent Jupiter dans le cercle qu'il décrit autour du Soleil en 11 ans & 313 jours, comme on l'a dit, pendant lequel temps il fait 686-400 demi-diametres de notre Terre, tant Jupiter que ses 4 Satellites ; ces Satellites sont souvent éclipsés par Jupiter, qui nous en cache la vûe lorsqu'ils sont en opposition, c'est-à-dire, lorsqu'ils se rencontrent derriere lui : le plus près de Jupiter est plus souvent éclipsé que les autres, ce qui est aisé à comprendre, en examinant que le premier Satellite fait presque neuf fois le tour de Jupiter, pendant que le quatriéme n'en fait qu'un : de ces quatre Satellites ou Lunes de Jupiter, le plus près de lui le voit 1600 fois plus grand que notre Lune ne nous paroît, & les autres le voyent de moins en moins grand, & cela à proportion de leurs distances de lui.

Jupiter eſt plus éloigné du Soleil que nous de 92-000 demi-diametres, quelquefois un peu plus ou un peu moins, par les raiſons qu'on a déja dites à l'égard des autres Planetes, & attendu ce grand éloignement, il voit le Soleil beaucoup plus petit que nous.

Saturne, frontiere de l'Empire du Soleil: cette Planete a un peu moins de dix diametres de notre Terre, & en a 99 ſurfaces, & elle eſt 980 fois plus groſſe que notre Terre : ſa plus grande diſtance d'elle au Soleil eſt de 221-870 demi-diametres, & ſa plus proche diſtance eſt à 197-801 demi-diametres : ſon tour ſur elle-même nous eſt inconnu à cauſe de ſon grand éloignement, c'eſt pourquoi l'on ne ſçait pas la durée de ſes jours ; mais elle fait ſa révolution périodique autour du Soleil en 29 années & 155 jours, ce qui fait ſon année ſolaire. Saturne doit voir le Soleil cent fois plus petit que nous, enſorte que ſa chaleur doit lui être préſumée très-foible ; mais il a un cercle ou anneau autour de lui qui paroît blanchâtre, lequel pourroit fort bien lui faire l'effet d'un verre convexe qui lui feroit voir le Soleil plus gros qu'il ne lui devroit paroître, & en conſéquence pouſſer une chaleur néceſſaire à faire produire les alimens pour le beſoin de ſes habitans.

Le

Le cercle que Saturne décrit autour du Soleil, contient 1-259-016 demi-diametres de circonférence en 29 ans & 155 jours, & cela avec ſes cinq Satellites qui le ſuivent tout en circulant autour de lui. Saturne a donc cinq Lunes ou Satellites autour de lui, leſquels ſont à différentes diſtances de lui, & tournent par conſéquent en différens tems & en différens cercles à proportion de leurs diſtances, ſçavoir :

	jours	*heures*	*minutes.*
le premier tourne autour de lui en		45	18
le ſecond en		65	41
le troiſiéme en	4	12	25
le quatriéme en	15	22	41
le cinquiéme en	79	7	47

& cela tout en circulant avec Saturne autour du Soleil.

Saturne eſt plus éloigné du Soleil que nous de 190-000 demi-diametres ou environ, c'eſt la raiſon pour laquelle il voit le Soleil cent fois plus petit qu'il ne nous paroît.

Il réſulte de ce que je viens de dire, que les ſix Planetes principales font deux ouvrages à la fois, & que les Satellites en font trois auſſi à la fois ; ſçavoir, les Planetes tournent ſur leurs axes en même temps qu'elles tournent autour du Soleil, & voilà les deux ouvrages qu'elles font.

Les Satellites tournent ſur eux-mêmes ou ſur leurs axes en même temps qu'ils tournent autour de leurs globes, & tout en faiſant ces deux ouvrages, ils ſuivent leurs meres, c'eſt-à-dire ces mêmes globes, auxquels chacuns d'eux ſont aſſujettis dans les révolutions & circulations que ces globes font autour du Soleil, ſans jamais les abandonner.

Voilà donc le mouvement général de l'Empire du Soleil démontré, à l'exception desCometes qui circulent autour du Soleil, à ce que l'on prétend, mais d'une façon très-irréguliere & bien différemment des Planetes : on n'a pas encore bien démontré leurs mouvemens au vrai, on croit que leur queue n'eſt rien autre choſe qu'une trainaſſe de vapeurs qu'elles laiſſent derriere elles, & que le Soleil rend lumineuſe; il eſt à croire que comme on les voit rarement, parce qu'elles s'éloignent extrêmement de nous & du Soleil, & que leur marche n'eſt point du tout analogue au mouvement du Soleil comme les Planetes, je crois, dis-je, qu'elles ſont compoſées d'une matiere mitoyenne & trimitoyenne de pluſieurs différens globes & Soleils, auxquels elles ſont obligées de rendre des viſites, c'eſt-à-dire de s'approcher tantôt des uns, tantôt des autres, & qu'étant repouſſées alternativement des uns & des autres, à meſure qu'elles s'en veulent trop approcher, cela leur occaſionne une marche très-libertine, du nord au ſud, du ſud au nord, du levant au couchant, & du couchant au levant, de façon qu'elles ſont comme de pauvres batardes errantes, qui ne ſçavent de quel côté donner de la tête étant rebutées & repouſſées de tous les côtés, ce qui les fait vagabonner preſque par tous les eſpaces immenſes ſans ſuivre aucune route certaine.

Je reviens aux Planetes, & je dis que Mercure, qui eſt la Planete la plus près du Soleil, en eſt beaucoup plus tourmenté que les autres, & je répéte que ſon mouvement en eſt d'autant plus vif, que la violence du feu & le tourbillon du Soleil ſur ſon axe a plus de force par ſa proximité, de ſorte que les autres Planetes ſont de moins en moins tourmentées du Soleil à proportion de leurs éloignemens de lui. Le Soleil eſt le centre de tout ce qui eſt ſous ſa domination, ſans ſon feu qui l'anime & qui le fait tourner ſur ſon axe, les Planetes & les Satellites tomberoient ſur lui, & tout demeureroit ſans mouvement, & c'eſt la violence de ſon feu &

de ſon tourbillon ſur ſon axe qui repouſſe les Planetes lorſqu'elles approchent trop près de lui, & qui les fait en même temps tourner autour de lui en ſe roulant, & cela du même ſens que le Soleil tourne. Il eſt aiſé de comprendre que cela ne peut pas être autrement, & par conſéquent le mouvement que ces Planetes ont de s'élever ou de s'éloigner & de s'approcher du Soleil, eſt naturel & tout ſimple. Si le feu qu'on appelle le Soleil, ne tournoit pas ſur ſon axe, les Planetes ne feroient que s'élever & s'approcher de lui ſans tourner autour de lui ni ſur leurs axes; il eſt donc conſtant que toutes les Planetes & les Satellites ſont au-deſſus du Soleil en telles ſituations qu'ils nous paroiſſent être placés, leſquels ſont plus ou moins élevés de lui à proportion de leurs poids ou de leurs légeretés; mais tendent toutes à vouloir toujours tomber ſur lui comme étant leur centre: le feu du Soleil, je le répéte encore, les repouſſe & leur fait faire le mouvement de centripete & de centrifuge tout en tournant & ſe roulant autout de cet aſtre dans le même ſens qu'il tourne ſur ſon axe. Il eſt aiſé de voir par-là que les tourbillons de M. Deſcartes ne ſont pas ſi ridicules que certaines perſonnes le prétendent; cela provient de ce que l'on n'a pas bien entendu ni bien compris ce qu'il a voulu dire.

Faiſons à préſent des réflexions ſur des jeux d'enfans qui nous meneront à la preuve de ce que j'avance.

N'avez-vous jamais vû des cartes découpées en forme de tireboure, en élargiſſant par le bas, qu'on appelle vulgairement des vices ſans fin, placées ſur le coude d'un tuyau de poële allumé, & poſées en équilibre ſur un fil de fer attaché audit tuyau : n'avez-vous pas vû, dis-je, cette carte tourner par le moyen du feu, & cela plus ou moins vite ſelon la force du feu ? N'en avez-vous pas vû de ces petites cartes pluſieurs les unes ſur les autres, ne lesavez vous pas vû toutes tourner? N'avez-vous pas remarqué que la premiere ou la plus près du tuyau de ce poële tournoit plus vite que la ſeconde, & que la ſeconde tournoit plus vite que la troiſiéme, &c. & n'avez-vous pas encore remarqué que lorſque le feu du poële étoit éteint, que les petites cartes ne tournoient plus, & ne comprenez-vous pas que le feu du Soleil joint à ſon tourbillon ſur lui-même fait agir de même les Planetes, & cela parce qu'il n'y a point de feu ſans tourbillon ?

N'avez-vous pas vû des marchands de tiſanne avoir de petites grottes en treillage verd, garnies de jets d'eau, pour attirer les amateurs de leurs limonades, & n'avez-vous pas vû qu'à ces jets d'eau il y en avoit qui avoient des petites balles soutenues seulement par le jet d'eau, lesquelles balles s'élevoient & s'abbaissoient, & cela par le moyen du mouvement de l'eau ? Le jet d'eau pousse la balle en en-haut plus loin que la place où l'eau voudroit qu'elle reste : cela la fait retomber plus bas qu'il ne faut, & l'eau la repousse de même, & redescend de rechef alternativement & sans discontinuation, & voilà l'effet du Soleil qui repousse sans cesse les Planetes qui veulent tomber sur lui par l'appétit qu'elles ont à aller à leur centre. Je pense qu'en voilà bien assez pour faire voir la simplicité naturelle de tous les mouvemens des Planetes qui sont dominées par le Soleil, sçavoir le mouvement de centripete & celui de centrifuge, par le moyen de ces petites balles qui sont travaillées par les jets d'eau & le roulement des Planetes en tournant autour du Soleil pat les petites cartes qui sont travaillées par le moyen du feu d'un poële.

Reste donc à faire voir que Mercure est plus travaillé du Soleil que Vénus, parce qu'il en est plus près ; que Vénus est plus travaillé du Soleil que notre Terre, parce que Vénus en est plus près, & ainsi des autres Planetes, lesquelles sont de moins en moins travaillées à proportion de leurs distances du Soleil, ainsi qu'on le peut voir en examinant leurs différentes distances du Soleil, & des différens temps qu'elles employent à parcourir les révolutions périodiques autour de lui, ce qui se va voir par la table suivante.

Le cercle ou la révolution périodique de Mercure autour du Soleil se fait en 88 jours, qui est de 51-848 demi-diametres.

Celui de Vénus est de 95-436 demi-diametres en 224 jours & 18 heures, ce qui fait pour 88 jours 37-326.

Celui de notre Terre est de 132-000 demi-diametres en 365 jours, ce qui fait pour 88 jours 31-824 $\frac{2}{3}$.

Celui de Mars est de 201-168 demi-diametres en 687 jours, ce qui fait pour 88 jours 24-300.

Celui de Jupiter est de 686-400 demi-diametres en 11 ans & 313 jours, ce qui fait pour 88 jours 14-010.

Celui de Saturne est de 1-259-016 demi-diametres en 29 ans & 155 jours, ce qui fait pour 88 jours 10-260.

Il est bien aisé de voir par cette table du mouvement des six Planetes, que Mercure fait presque cinq fois plus de chemin que Saturne dans le même espace de 88 jours,

leurs globes par rapport à leurs grands éloignemens ; mais nous pouvons préſumer, ſans craindre de nous tromper par notre Satellite qui eſt la Lune, qu'ils tournent une ſeule fois ſur eux-mêmes dans chaque révolution périodique qu'ils font autour de leurs globes, & cela parce que ces globes ne ſont pas des Soleils, c'eſt-à-dire, des feux comme le Soleil, & par conſéquent ne peuvent pas les faire pirouetter ſi facilement : & je penſe que Jupiter & Saturne ont encore des reſtes conſidérables de feu dans leurs entrailles, qui les forcent à tourner ſur eux-mêmes avec tant de promptitude.

Il ne faut pas s'étonner de ce que je dis que Jupiter & Saturne ont des feux dans leurs entrailles, puiſque dans les entrailles de la Terre que nous habitons il y en a bien encore qui ſont des reſtes de matiere du Soleil, ce que perſonne ne doit douter, puiſque ces feux occaſionnent ſouvent de grands ravages : & comme Jupiter a été vomi par le Soleil bien long-temps après notre Terre, & qu'il eſt beaucoup plus gros que notre Terre, il eſt ſenſé qu'il doit avoir beaucoup plus de matiere ſolaire enflammée, mêlée avec ſa pierre beaucoup plus ponce que la nôtre, & par conſéquent plus légére parce qu'elle a été plus conſommée ou plus cuite par le feu du Soleil avant de la vomir, que notre Terre qui a été vomie du Soleil bien long-temps avant Jupiter, & c'eſt ſa légereté qui a donné au Soleil le pouvoir de le chaſſer & de le pouſſer beaucoup plus loin de lui que la Terre, joint à la rareté & légereté de ſon air qui lui eſt propre & qui le maintient.

Il en eſt de même de Saturne, qui a été vomi du Soleil bien long-temps après Jupiter, & dont la pierre doit être plus ponce & plus légere encore que celle de Jupiter; mais pas moins avec beaucoup de matiere ſolaire bien enflammée encore dans ſes entrailles. Je reviens donc, en diſant que la violence encore très-grande des feux que doivent avoir Jupiter & encore plus Saturne dans leurs entrailles, les forcent à tourner ſur eux-mêmes avec tant de vivacité & de promptitude; mais aidés en même temps du Soleil, qui eſt l'ame générale de tous les mouvemens de ſon Empire.

D'ailleurs on pourroit encore mieux faire, de préſumer que plus le mouvement de l'athmoſphere du Soleil ſe rallentit à meſure de ſon éloignement de lui, plus cet athmoſphere ſe tourbillonne en cheminant, ainſi que l'on peut voir par la fumée qui ſort du tuyau d'une cheminée, qui ſe ralentit à meſure que cette fumée s'éloigne de ſa bouche, & en ſe ralentiſſant elle tourbillonne; de-là l'on peut conclure que Jupiter ſe trouve obligé de rouler ſur lui-même, dans la même viteſſe du tourbillonnage de l'athmoſphere du Soleil, où là, l'athmoſphere du Soleil chemine moins vîte; mais tourbillonne avec beaucoup plus de vivacité. Il en eſt de même de Saturne, lequel à la diſtance où il eſt du Soleil, l'athmoſphere de cet aſtre chemine encore plus lentement; mais ne tourbillonne pas plus vîte que l'endroit où eſt Jupiter: & ce qui le doit faire croire encore mieux, c'eſt la circulation de ſes cinq Satellites autour de lui, qui ſemble être conforme en viteſſe à celle de Jupiter.

Au-delà de Saturne, le cheminage de l'athmoſphere du Soleil, ainſi que ſon tourbillonnage, ſe ralentit de plus en plus, de façon qu'il va ſe confondre dans les airs & ſe perdre totalement; de maniere qu'il n'a plus ni force, ni vertu, ni pouvoir, ce qui eſt cauſe du libertinage des Cometes, leſquelles ſe trouvant beaucoup plus éloignées du Soleil que Saturne, n'ont plus la direction du Soleil pour guide; au moyen de quoi cela les fait vagabonner comme des folles dans les eſpaces, par les repouſſemens des autres tourbillons athmoſphériques qu'elles rencontrent dans leurs routes, ce qui les fait enfin tomber vers le Soleil par différens chemins, qui ſont analogues aux différens repouſſemens qu'elles ont eſſuyés dans leurs voyages; mais lorſqu'elles s'en retournent, elles ſont forcées de ſuivre la direction ſemblable à celle du mouvement du Soleil.

Voila donc les Satellites de Jupiter & de Saturne, obligés de tourner autour de leurs globes avec plus de viteſſe que notre Satellite ou Lune, proportion cependant gardée à leurs diſtances, parce que leurs globes tournent ſur eux-mêmes beaucoup plus promptement que notre Terre: & pour vous prouver que le tournoyement d'une choſe fait tourner de moindres choſes, vous n'avez qu'à prendre une latte de bois dans votre main, & faite-la tourner promptement, & que quelqu'un laiſſe tomber des plumes & des petits morceaux de papiers ſur le cercle que vous faites faire à cette latte, vous verrez que ces plumes & ces papiers tourneront du même ſens que cette latte.

Mais allons encore plus loin au ſujet des Planetes, & voyons ſi nous ne trouverons pas quelque choſe de plus ſérieux, pour faire encore mieux connoître la vérité de ce que j'avance.

N'avez-vous jamais remarqué dans des feux accidentels, comme par exemple le feu de la Foire S. Germain à Paris, arrivé en 1762, ce que j'y ai vû & examiné : j'ai donc vû dans le fort de ce feu, des morceaux de bois enflammés ſauter en l'air, pouſſés par la violence du feu, & en même temps de très-gros charbons en feu s'élever en l'air & pouſſés de même par la violence du feu avec vigueur, & enſuite vouloir tomber dans ce feu & ce feu le repouſſer de rechef, & enfin s'abbaiſſer & s'élever par le repouſſement de ce feu, & cela continuellement en faiſant une eſpéce de cercle vicieux ; mais lorſque le vent chaſſe ces gros charbons hors de la portée du feu, pour lors ils tombent ailleurs ſur les côtés. Dites-moi un peu qui eſt-ce qui faiſoit mouvoir ces charbons de la maniere que je viens de le dire ? Pouvez-vous diſconvenir que ce n'étoit rien autre choſe que la violence du feu qui faiſoit mouvoir ces charbons, & qui les repouſſoit à meſure qu'ils vouloient tomber ? Pouvez-vous dire que la violence d'un feu ſemblable ſoit ſans tourbillons, malgré que l'on voit les flammes tourbillonner ; & ne voila-t-il pas le centrifuge, le centripete, la rotation & le cercle vicieux des Planetes trouvés dans cet exemple, ainſi que dans ce qui a été dit ci-deſſus des balles de jets d'eau, & des cartes poſées aux tuyaux des poëles ?

Il s'enſuit de ce feu de la Foire Saint-Germain, où l'on a vû des charbons & des morceaux de bois ſauter en l'air par la violence de ce feu, qu'il eſt fort aiſé de comprendre que le Soleil a vomi les Planetes de cette même maniere, & que les plus groſſes Planetes, dans les premiers temps de leurs naiſſances & encore tout en feu, ont vomi à leurs tours les Satellites qui les environnent; & voila en abrégé l'hiſtoire de l'Empire du Soleil.

Et voila en même temps l'abrégé de mes ſonges & de me rêveries que je vous révele, leſquels valent bien les rêveries de M. Nicolas Vauquelin de Lizieux, Solitaire à l'Iſle de Saint-Nicolas province de l'Acadie, Amérique ſeptentrionale. Si mes écrits parviennent à M. N. Vauquelin, il criera anathême contre moi, ou charitablement il ſe contentera de me taxer de fou, & d'avoir le cerveau gâté, par la lecture des Auteurs qu'il traite d'Athées. Pour moi, je me contenterai de lui dire que ſa dévotion mal entendue lui fait prendre les choſes trop au pied de la lettre: car s'il avoit conſervé de la liberté d'eſprit, il comprendroit que lorſque Dieu dit, par la bouche de ſon Prophéte : Les Cieux ſont mon ſiége & la Terre eſt l'eſcabeau de mes pieds ; que Dieu a voulu faire entendre aux hommes, qu'il attrapperoit & puniroit les méchans ſans courir, parce qu'il étoit par-tout, qu'il connoiſſoit & pénétroit tout, & qu'il étoit toujours à la portée de recompenſer les bons & de châtier les déſobéiſſans ; & c'eſt ce que nous ne doutons ni les uns ni les autres : car s'il n'eut pas voulu dire cela, où étoit la néceſſité à Dieu de dire que la Terre étoit l'eſcabeau de ſes pieds ; Dieu a-t-il beſoin d'un eſcabeau pour ſe ſoutenir ? & quel étoit l'autre eſcabeau pour le ſoutenir avant qu'il eut créé la Terre. Il en eſt de même des autres endroits qu'il cite, leſquels ne ſont pas meilleurs les uns que les autres.

M. N. Vauquelin s'imagine apparemment être encore du temps des marionnetes de Briochet, qui peu s'en eſt fallu qu'il n'eut été condamné à être brûlé avec ſes marionnetes, comme ſorcier : ou de Criſtophe Colomb, qui a été menacé de la ſainte Inquiſition, pour avoir déclaré qu'il étoit ſûr de découvrir une Terre encore inconnue pour lors, & qu'il a en effet trouvée, & cela parce que les gens d'Egliſe, peu inſtruits en ce temps-là, prétendoient que c'étoit contre la religion de croire qu'il y avoit des Antipodes & des Terres à découvrir, attendu que l'Eglise prétendoit qu'on avoit prêché l'Evangile par toute la Terre, & que par conséquent il ne pouvoit y avoir de pays inconnus.

Apprenez, M. le Docteur Vauquelin, que les prétendus Athées, Copernic, Descartes, Neuwton & autres Philosophes, étoient de très-honnêtes gens, pleins de droiture, d'honneur & de probité, aussi bien que vous pouvez l'être, & qu'ils n'ont travaillé qu'à faire connoître la magnificence, la grandeur infinie & la toute-puissance du suprême Chef de tout l'Univers, lequel est notre souverain Maître & le vôtre, & dont la puissance & l'étendue est indéfinissable; & cependant, selon vous, le Tout-puissant est renfermé dans un très-petit espace, vous imaginant que ce souverain Maître de l'Univers doit être aussi borné que votre génie, & cela parce que vous mesurez tout à l'aune de votre ignorance: ce qui vous doit consoler cependant, c'est que vous avez bien des confreres. Vous vous gardez bien de citer l'endroit où Dieu a dit que la Terre n'étoit pas si grosse qu'un grain de moutarde, en comparaison de l'Univers qui est sans bornes: car cela auroit renversé toute votre physique.

Vous

Vous voyez bien, M. N. V. que vous faites le ſouverain Maître bien petit, puiſque vous lui donnez en effet ce qui n'eſt que fiction, un grain de moutarde pour l'eſcabeau de ſes pieds : vous vous imaginez donc que Dieu a des pieds, des jambes, des bras, des mains, &c. comme vous ; apprenez qu'il n'a rien de tout cela, puiſqu'il n'eſt point charnel, & que pas moins il eſt par-tout, il atteint par-tout, & eſt d'un bout de l'Univers à l'autre ſans courir ; il veut, & toutes ſes volontés s'accompliſſent.

Vous ſoutenez que la Lune eſt lumineuſe par elle-même, & que c'eſt mal-à-propos de dire & de croire qu'elle tient ſa lumiere du Soleil : en ce cas, faites-nous donc comprendre pourquoi elle n'eſt pas toujours dans ſon plein : pourquoi ne ſe leve-t-elle pas tous les jours dans le même temps que le Soleil ſe couche, puiſque vous prétendez qu'elle doit préſider à la nuit comme le Soleil préſide au jour ? Pourquoi n'avons-nous qu'une ſeule nuit de pleine Lune dans chaque mois lunaire de 29 jours & demi ? Pourquoi n'avons-nous, dans les premiers jours de la nouvelle Lune, qu'un petit croiſſant, & que le reſte de ſa rondeur eſt obſcur ? Pourquoi ne la voyons-nous dans ſon plein que lorſque la Terre eſt au milieu entr'elle & le Soleil ? Pourquoi quelquefois dans le moment de la pleine Lune s'obcurcit-elle, par une ombre ronde qui lui ôte ſa lumiere petit-à-petit, & qui nous la fait voir noire au lieu de blanche totale qu'elle étoit, & que cette rondeur d'ombre ſe retire enſuite de même peu-à-peu par l'autre côté oppoſé de la Lune ? Pourquoi dès le lendemain de la pleine Lune la voit-on décroître par le même côté qu'elle a crû, enſorte qu'on la voit croître pendant environ 14 jours & demi, & décroître pendant le même eſpace de temps ? Pourquoi, dis-je, toutes ces différences de la Lune, puiſque vous prétendez qu'elle eſt lumineuſe par elle-même ? Et pourquoi le Soleil, qui eſt réellement une lumiere par lui-même, n'eſt-il pas ſujet aux mêmes caprices ? Enfin pourquoi la Lune n'eſt-elle pas toujours totalement lumineuſe comme le Soleil l'eſt ? Pourquoi les Aſtronomes ſçavent-ils, par le calcul du mouvement du Soleil & de la marche de la Terre & de la Lune, prédire les Eclipſes de Lune & les Eclipſes de Soleil : car enfin ſi on ne ſçavoit pas les cauſes qui occaſionnent quelquefois en pleine Lune une Eclipſe de Lune, & en nouvelle Lune, une Eclipſe de Soleil, comment pourroit-on les annoncer & les prédire ? Il faut donc, de néceſſité, ſçavoir le pourquoi, les cauſes & les raiſons pour leſquelles la Lune doit être éclipſée, un tel jour, à telle heure & en quels endroits de la Terre elle ſera viſible.

Tout ce qui me reſte à dire, eſt que j'ai calculé les diſtances des Planetes au Soleil & à la Terre, ſur les Connoiſſances des temps de 1757, de M. Maraldi, ainſi que de leurs révolutions périodiques & de leurs groſſeurs, de même que de la grandeur du Soleil ; & s'il y avoit de la différence, par de nouvelles Obſervations faites depuis ce temps-là, je n'en ai juſqu'à préſent aucune connoiſſance ; mais en tout cas ſi cela étoit, cela ne changeroit rien à mon raiſonnement, il n'y auroit que les diſtances & les groſſeurs à rectifier. Cependant M. l'Abbé Nollet, ſçavant Phyſicien, a dit dans ſes leçons d'Aſtronomie Phyſique au Collége de Navarre, que le Soleil n'étoit que [illegible]20000 fois gros comme la Terre, au lieu d'un million de fois comme M. Maraldi le déclare ; & que Jupiter, dit encore M. l'Abbé Nollet, eſt 2000 fois gros comme la Terre, au lieu que M. Maraldi ne lui donne que 1170 valeur comme la Terre, & mon calcul ne lui donne que 1000 fois tout au plus,

& je penſe que M. Maraldi s'eſt trompé de calcul dans cet endroit : à l'égard de M. l'Abbé Nollet, il eſt plus Phyſicien qu'Aſtronome, & par cette raiſon il eſt très-excuſable : car d'ailleurs ſa démonſtration d'Aſtronomie Phyſique a été très-belle & bien ſuivie, & avec cette facilité qui lui eſt naturelle ; mais il n'a point parlé aucunement des cauſes de tout ce mouvement dont il a fait l'explication.

Voici en abrégé le vrai moyen de s'apprivoiſer inſenſiblement aux termes qui ſemblent dures au premier abord, & même incompréhenſibles à ceux qui ne connoiſſent pas encore aucune choſe de cette ſcience, & auſſi à l'acheminement pour pouvoir parvenir à la connoiſſance de l'Aſtronomie & à devenir ſçavant dans cette matiere, en étudiant enſuite la Sphere artificielle & la Sphere naturelle, & tous les bons livres des Sçavans qui traitent de l'Aſtronomie : & comme cette ſcience eſt très-étendue, & demande beaucoup d'application, il eſt bon de commencer de bonne heure pour devenir habile homme : car ce que contient ce petit Abrégé de l'Empire du Soleil, n'eſt qu'une premiere teinture.

Comme j'étois près à mettre mes rêveries ſous preſſe, on me prêta les Œuvres de M. Buffon : j'ai fait la lecture du premier volume de son Histoire Naturelle avec empressement, & j'y ai vû bien des rêveries de différens Auteurs, & entr'autres, je vois M. Buffon qui, faute de vouloir connoître le Soleil & le pouvoir de son feu, prétend qu'il est probable qu'une Comete a pêché avec sa queue, comme l'on pêche du poisson à la ligne, une portion du Soleil, &c. & c'est cette portion, selon lui, qui a formé la Terre & les autres Planetes, & qu'un seul coup de cette Comete donné obliquement à cette portion, a donné, en formant les Planetes, les mouvemens qu'elles ont depuis plusieurs milliers d'années, &c.

Assurément ce seroit avoir trouvé le mouvement perpétuel à bien peu de frais, s'il étoit certain qu'un seul coup donné par une Comete, fasse mouvoir éternellement tout l'Empire du Soleil : sans doute que M. Buffon regarde le Soleil comme un pauvre jocrisse sans vertu, ni pouvoir, sinon celui d'éclairer les habitans de son Empire, & que sa prétendue indolence a laissé envahir le gouvernement de son Empire à cette petite guenon de Comete, qui lui a extorqué impunément une portion de lui-même, avec laquelle elle s'est rendue maîtresse absolue de ſa puiſſance : ainſi, ſelon M. Buffon, cette uſurpateuſe Comete n'a laiſſé à ce prétendu imbécile Monſeigneur le Soleil, que le vain titre d'Empereur ſans fonction.

A la vérité M. Buffon arrange tout cela aſſez bien ; mais il fait voir qu'il ne connoît ni le Soleil, ni les matieres qui le compoſent & encore moins ſon poids : car puiſqu'il eſt au centre de ſon Empire, il doit être d'une matiere très-peſante, & que tout ce qui eſt au-deſſus de lui, & ſoutenu & mis en mouvement par lui, doit être moins lourd que lui, ainſi qu'on va le faire voir.

Les Planetes qui ſont ſes ſujets & ſes enfans, ſont & doivent être plus légeres que lui, puiſqu'elles ſont toujours au-deſſus de lui, ſoutenues par la violence de ſon feu à différentes diſtances de lui, à proportion de leurs poids ou de leurs légeretés : car plus les Planetes ſont légeres de matiere, mais non pas de volume, plus le Soleil a le pouvoir de les éloigner de lui & de les ſoutenir dans leurs orbites ; il faut donc ſçavoir, & la choſe eſt certaine, que tout ce qui eſt autour du Soleil renfermé dans ſon Empire juſqu'à Saturne, eſt au-deſſus de lui, & ſoutenu par lui par la violence de ſon feu, & mis en mouvement par la puiſſance de ſon tourbillon ſur lui-même; ce feu ou ce foyer eſt d'un poid & d'un volume beaucoup plus que ſuffiſant, pour que rien ne lui puiſſe diſputer ſon pouvoir, & il n'a beſoin d'aucun ſecours étranger pour engendrer, produire, gouverner, conduire & donner le mouvement à tout ſon Empire : il faut ſe refuſer à l'évidence la plus certaine pour douter de cela.

D'abord un feu compoſé d'une matiere légere, n'a pas grande chaleur, & n'eſt pas de longue durée; mais un feu compoſé de la matiere la plus denſe & la plus peſante, fait un feu beaucoup plus chaud & de plus longue durée; ce qui s'éprouve par les différens dégrés de chaleur qu'il faut pour fondre & mollifier les différentes matieres, & par conſéquent le Soleil eſt compoſé de différentes matieres, dont la plus grande partie eſt très-denſe & très-peſante, qui toutes enſemble ne forment qu'une matiere qui fait l'ame de cette immenſe boule de feu, dont le dégré de chaleur eſt preſqu'incompréhenſible à l'homme, & il ne pourroit pas être ſi chaud ni ſi durable, s'il étoit auſſi léger que le prétend M. Buffon, ainſi que bien d'autres qui l'ont dit avant lui.

Mais comme il y a bien des perſonnes

qui ne m'entendront pas, quoique les preuves de ce que j'avance me paroiſſent venir d'elles-mêmes dans l'eſprit, je vais donner un précis comme les choſes doivent être.

1°. Nous voyons en petit ſur la Terre que nous habitons, ce que le Soleil fait en grand, ſçavoir les volcans dont le feu fait ſauter en l'air du ſoufre, du bitume, des pierres ponces & autres choſes, & de même dans l'exemple que j'ai donné des feux accidentels; par conſéquent voilà comme le Soleil engendre les Planetes dont voici l'explication.

Composez les matieres du Soleil comme il vous plaira, cela ne fera aucun tort à ce que j'avance & à ce que je ſoutiens; mais moi je le compoſe d'or, d'argent, de cuivre, de fer, d'étain, de plomb, de vive argent, de ſoufre, de bitume, de charbon de terre, de nitre & autres choſes ſemblables ou équivalentes, en un mot, de tout ce qui eſt propre à compoſer un violent feu, tel que celui de cette boule que nous appellons le Soleil.

Que doit-il en arriver, le voici. C'eſt qu'à la longue le feu du Soleil conſommant quelques parties de ſes matieres qui devenant plus légeres que ſes matieres de feu, s'élevent & ſurnagent ſur ſa ſurface, & le bouillonnement & la violence de cette matiere enflammée doit rejetter & faire ſauter en l'air ce qui lui nuit, comme un pot au feu qui bout cherche à ſe défaire de ſon écume qui l'empêche de bouillir à ſa direction, & voilà ce qui a produit les Planetes les unes après les autres, en commençant par Mercure & finiſſant par Saturne ; en conſéquence de cela, les Planetes doivent donc être plus légeres que le Soleil, & il ne doit donc pas être douteux que la violence du feu du Soleil lui faſſe vomir tout ce qui lui eſt nuiſible & inutile, & il n'eſt pas poſſible en même temps que dans ce qu'il chaſſe ainſi, il n'y ait encore quelque peu de ſa matiere inflammable & enflammée, tant les entrailles de ce noyau qu'ailleurs : & comme le Soleil ne diſcontinue pas de tourner ſur ſon axe, cela oblige ce noyau, en s'en éloignant rapidement, de tourner auſſi du même ſens, tant ſur lui-même qu'autour de cet aſtre, ce qui ne peut pas être autrement, & le bon ſens nous guide ſur cela, puiſque les petites cartes découpées aux tuyaux des poëles le fait aſſez connoître : de plus il faut remarquer & faire attention que lorſque le Soleil vomit & fait ſauter en l'air ce qui lui devient nuiſible, il le fait avec une ſi grande violence par la force de ſon feu, que ce noyau part plus rapidement qu'on ne pourroit le dire, au moyen de quoi il va plus loin que l'endroit où ſon poids le doit deſtiner par le ſoutien du feu du Soleil, ce qui eſt cauſe qu'il s'abbaiſſe vers le Soleil, mais plus près de lui qu'il ne doit, parce qu'il veut tenter à tomber & rentrer d'où il eſt ſorti, & le feu & le tourbillon du Soleil qui pour lors eſt à la portée de le repouſſer, le renvoie de rechef d'une maniere qui le fait toujours aller plus loin que le véritable endroit de ſon orbite, & ce mouvement-là étant continuel dans chaque révolution périodique, voilà ce qui cauſe les mouvemens de centripete & de centrifuge des Planetes, en ſe roulant & circulant autour du Soleil, & par cette même raiſon qu'elles forment des cercles un peu allongés qu'on nomme ellipſes, les petites balles de jets d'eau prouve ce mouvement.

Il eſt préſentement queſtion de ſçavoir ce qui a produit les Satellites, & ce qui leur a donné le mouvement de tourner tant ſur eux-mêmes qu'autour & du même ſens des globes auxquels ils ſont aſſujettis, & cela tout en ſuivant ces mêmes globes dans les révolutions qu'ils font autour du Soleil. J'ai déja dit quelque choſe dans mon Abrégé de l'Empire du Soleil &

dans ceci qui devroit ſuffiré ; cependant je vais dans un inſtant en dire encore un mot.

De plus, voilà encore une vérité bien conſtante ſortant de la ſource de tout ce que je viens de dire.

Tout le monde ſçait que tout ce qui a paſſé par le feu & conſommé, ſoit en partie ou en totalité, eſt ſalé : les cendres du bois que nous brulons, ſont ſalées ; les pierres calcinées par le feu qui ſont devenues ponces, ſont ſalées ; il s'enſuit donc de toutes ces vérités, que le Soleil qui a vomi les choſes conſommées & calcinées plus ou moins, qui lui étoient nuiſibles, étoient ſalées : or la Terre que nous habitons étoit donc ſalée lorſque le Soleil l'a vomi, elle a été d'abord pendant un eſpace de temps travaillée & tourmentée par les parties des matieres du Soleil inflammables & enflammées, mêlées parmi les pierres ponces, & cette tourmente lui a fait vomir à ſon tour le Satellite qui nous ſert de Lune, & petit-à-petit la Terre s'eſt refroidie, & il ne reſte plus que quelques petites parties ſolaires enflammées dans ſes entrailles qui nous cauſent les volcans, & de temps en temps des tremblemens de terre ; mais reſtons-en là, & diſons préſentement que la Terre ſe refroidiſſant peu à peu, a engendré du froid & du chaud; du plus froid vers les poles, & du plus chaud vers la ligne équinoxiale : ces deux extrémités de chaud & de froid ont engendré des vapeurs humides, & il n'y a pas de vapeurs & d'humidité ſans limon: ces vapeurs limoneuſes ſont venues de plus en plus en abondance, & ont tombé ſur la Terre ; le limon s'eſt incorporé dans cette pierre ponce, & le ſurplus des eaux a cherché un écoulement ; cet écoulement a occaſionné le déſalement de cette pierre ponce ſalée, & déſalant la pierre l'eau s'eſt ſalée ; & voilà ce qui a donné les eaux de la mer que nous avons: & ſi les eaux ne ſe fuſſent pas ſalées ainſi, elles ſe ſeroient corrompues, & elles auroient engendré un mauvais air ; mais il ne faut pas s'imaginer que tout cela ſe ſoit fait en un an, ni en cent ans, ni en mille ans.

Ce que je dis ici eſt l'origine de la choſe, & ce que dit M. de Buffon au même ſujet eſt l'acceſſoire, & ce qui s'en eſt enſuivi, & ce qui s'en enſuit.

A l'égard de Jupiter qui a 4 Satellites, & Saturne qui en a 5, rien ne doit être plus naturel que de comprendre, qu'attendu leurs groſſeurs en comparaiſon de notre Terre, il n'ayent été plus long-temps tourmentés des matieres inflammables & enflammées du Soleil renfermées dans leurs entrailles & ailleurs, mêlées avec leurs pierres ponces, & que cela a fait vomir leurs Satellites les uns après les autres, & que celui qui a été vomi le premier étoit moins calciné que le second, le second moins calciné que le troisiéme, & le troisiéme moins que le quatriéme, &c. ce qui les a chassés chacun à leurs distances proportionnelles à leur calcination & à leur poids. Tout cela vient de soi-même s'offrir à notre entendement, ainsi que leurs circulations du même sens de leurs meres & dans les mêmes proportions de vîtesses à proportion de leurs distances, ainsi qu'on l'a fait voir au sujet des Planetes à l'égard de leurs distances du Soleil.

Les Physiciens me comprendront mieux que personne, & même M. Buffon est très-capable de faire le développement de tout ce que je veux dire & faire connoître : car quoiqu'il se soit trompé dans sa prétendue probabilité au sujet de l'ouvrage qu'il veut faire faire aux Cometes, il a trop d'esprit pour ne pas convenir de l'erreur où il a tombé, faute d'avoir fait attention au pouvoir du Soleil, ce qui l'a empêché de faire réflexion que c'est la violence du feu du Soleil qui force les Cometes à aller si vite lorsqu'elles sont proche de lui : car il en est de même des Planetes comme des Cometes, puisque le mouvement des uns & des autres est d'autant plus vif qu'elles s'approchent plus ou moins du Soleil, & se ralentit à mesure qu'elles s'en éloignent.

En faisant attention à cette immense boule de feu du Soleil qui a plus de 260 mille lieues de diametre en tout sens, & qu'il tourne sur son axe en 25 jours & demi, outre son mouvement central, comment ne peut-on pas juger de sa force & de son pouvoir qui doit être au-dessus de toute expression humaine, sur-tout en examinant qu'il a plus de ~~8000~~ huit cens mille lieues de circonférence ?

Il ne doit donc pas être étonnant que le Soleil fasse faire aux Planetes les mouvemens de rotations & de circulations du même sens qu'il tourne sur son axe, & il seroit au contraire très-étonnant & même incompréhensible si les Planetes rotoient & circuloient du sens contraire : il en est de même des Satellites à l'égard de leurs meres, lesquels Satellites circulent dans les mêmes proportions de vîtesse de leurs meres & du même sens.

M. Buffon prétend que le mouvement des Planetes vient d'un même principe & d'une même cause; je le prétends bien ainſi ; mais cette cauſe, comme je viens de le faire voir, vient uniquement du Soleil qui eſt le moteur ſeul de tout ſon Empire.: car encore une fois les preuves viennent d'elles-mêmes en foule, aulieu que ce que M. Buffon prétend probablement que ce ſoit une Comete qui ait produit les Planetes & qui leur a donné en même temps le mouvement qu'elles ont, eſt inſoutenable, comme on l'a déja fait voir, & qu'on va encore le faire connoître. Ainſi pourquoi chercher des probabilités ſans fondement ſur une choſe dont nous avons des preuves plus que ſuffiſantes qui nous inſtruiſent naturellement de la vérité de cette choſe.

Enfin toutes les probabilités de M. Buffon au ſujet dont il eſt queſtion, ſont allambiquées d'une maniere qu'on pourroit très-volontiers croire que ce ne peut pas être lui qui débite de pareilles abſurdités, vû les beautés & les vérités qui ſe trouvent répandues dans tous ſes ouvrages : car il eſt certain que M. Buffon eſt favoriſé & doué par la nature d'une grande pénétration & d'un diſcernement très-étendu, au point d'être capable de fouiller dans preſque tous les ſecrets de la nature, ce qni n'eſt pas donné à tout le monde.

Je reviens à mon ſujet, & je dis que

les Planetes ne peuvent pas avoir été compoſées en totalité de pure matiere ſolaire non conſommée, & qu'aucune Comete n'a jamais eû la force ni le pouvoir de ſillonner le Soleil, & d'en entraîner une ſix cens cinquantiéme partie d'un ſeul coup, puiſqu'une Comete ne fait pas par elle-même la valeur de la ſix cens cinquantiéme partie du Soleil : or une choſe ne peut pas enlever 650 fois ſa valeur, l'impoſſibilité ſaute aux yeux, il n'y auroit, pour ſe mettre à couvert de cette abſurdité, que le prétexte de ſon chimérique poids énorme qu'on lui veut donner, lequel poids lui doit tenir lieu, dira-t-on, de groſſeur ſuffiſante & de valeur en conſéquence capable de pouvoir faire cet ouvrage. Je réponds à cela que le poids immenſe qu'on lui veut donner eſt une erreur qui provient de ce qu'une Comete ne ſe conſomme pas par l'approche du Soleil; il faut ſçavoir pourquoi une Comete ne ſouffre point de l'approche de cet aſtre, c'eſt qu'une Comete eſt d'une matiere très-épurée & inaltérable, & creuſe en-dedans de ſon noyau, & par conſéquent pas ſi péſante qu'on le prétend, & qu'elle eſt plus lourde quand elle approche du Soleil après avoir parcouru les eſpaces que quand elle en décampe par le violent

repouſſement

repouſſement de cet aſtre ; car ſi elle étoit ſi lourde qu'on le prétend, elle n'iroit pas ſi loin du Soleil que Mercure, aulieu qu'elle va peut-être 20 fois plus loin du Soleil que n'en eſt Saturne, & quand il ſeroit vrai, ce que je nie, qu'une Comete fut auſſi denſe & auſſi peſante qu'on le dit, je ne conviendrois pas pour cela qu'elle fut capable d'enlever du Soleil une 650e. partie de ſa valeur, parce que le Soleil eſt un maître abſolu cramponé au centre & au milieu de ſon Empire, lequel ne permet pas qu'on anticipe ſur ſes droits & ſa puiſſance.

Les Cometes ſont d'une matiere qui nous doit être inconnue, mais nous en connoiſſons ſes qualités, en ce que nous voyons que cette matiere n'eſt ni fondable, ni brulable, ni calcinable, ni caſſable : nous pouvons croire que la matiere dont elles ſont compoſées, eſt liante comme l'or, brillante & tranſparente comme le cryſtal de roche, & qu'il y a un vuide en-dedans de leur noyau, & un paſſage par où l'air peut entrer dans ce vuide, qui les fait aller facilement dans les eſpaces, bien au-delà hors de la ~~partie~~ portée du pouvoir du Soleil.

En conſéquence de cela je pourrois donner une probabilité de ma façon, & que voici : il ſeroit donc probable que les Cometes ſeroient des agentes du Soleil pour aller dans les eſpaces glanner les quinteſſences échappatoires, & s'en emmieller comme les abeilles s'emmiellent des quinteſſences des fleurs, & à meſure que ces Cometes s'emmiellent ainſi, elles deviennent plus lourdes & s'appéſantiſſent de façon à ne pouvoir ſe ſoutenir ſi facilement dans les airs, ce qui les oblige à tomber, pour ainſi dire, preſque perpendiculairement vers le Soleil par le côté de ſon eſſieu : (car par l'endroit de l'Equateur du tourbillon du Soleil ſur lui-même, les Cometes n'en pourroient pas approcher de ſi près ;) où là, le Soleil lui fond ſon emmiellage & le dévore pour ſa ſubſiſtance, ce qui allége la Comete & la fait décamper promptement, par le violent repouſſement du feu du Soleil, & qui la fait aller pour lors dans la même direction du mouvement du Soleil.

N'allez pas croire que cet emmiellage des Cometes ſoit ſemblable à celui des abeilles, c'eſt un emmiellage qui eſt propre à la nourriture & à la conſervation du feu du Soleil.

Et je crois qu'il ſeroit encore probable que la queue, ou la barbe, ou la chevelure des Cometes, ſeroit les étincelles de leur électrisation, par la grande vivacité de leurs marches causées par l'approche du Soleil.

Je fais réflexion qu'on m'objectera les diurnités de l'un & de l'autre sens des Planetes, pendant qu'elles circulent autour du Soleil. Je répond à cela que les mouvemens diurnal & central du Soleil en tournant sur son axe, en sont les seules causes, & que l'athmosphere du Soleil qui tourne avec lui, s'étend jusqu'à Saturne & même par de-là; & cet athmosphere tournant ainsi, il emmene avec lui les Planetes: & comme ce mouvement de l'athmosphere du Soleil se ralentit à mesure de l'éloignement de cet astre, le mouvement des Planetes autour du Soleil doit, de toute nécessité, de même se ralentir dans les mêmes proportions de leurs éloignemens de lui.

Le feu est l'ame du mouvement; plus il y a de feu plus il y a de mouvement, moins de feu, moins de mouvement, & point de feu du tout, point de mouvement du tout.

Le feu du cœur de l'homme lui fait circuler son sang dans ses veines, plus ou moins vîte, selon le plus ou moins de feu, & cette circulation ou ce mouvement se ralentit à mesure de l'éloignement du ſeu du cœur ; & lorſque le feu du cœur s'éteint, il n'y a plus de circulation.

Le Soleil eſt le cœur de ſon Empire, & ſon feu le fait mouvoir & tourner ſur ſon axe, & en même temps fait circuler tout ce qui eſt en ſa puiſſance : ſi le Soleil ne tournoit pas ſur ſon axe, les Planetes ne ſe rouleroient point & ne tourneroient point autour de ce foyer, elles n'auroient que le mouvement de centripete & de centrifuge, & ſi le feu du Soleil s'éteignoit, la circulation de ſon Empire ceſſeroit totalement, & toutes les Planetes tomberoient ſur lui ſans aucun empêchement, & le tout ne feroit plus qu'une ſeule maſſe.

La Nature ne connoît pas plus que moi, la Phyſique, la Métaphyſique & encore moins les Mathématiques ; & néanmoins je donnerois des preuves, tant qu'on en voudroit, de tout ce que je ſoutiens.

Je ne prétends cependant pas qu'on doive rejetter ces ſciences : car elles ſont néceſſaires pour apprécier & développer le dénouement de mon raiſonnement, & en connoître les effets & la divine harmonie, avec tout ce qui s'en enſuit, &c.

Chaque Planete attire à elle tout ce qui lui appartient, c'eſt ce qui fait que tout a un pied vers elle, & ſemble tomber ſur elle : toutes les Planetes ſont attirées par le Soleil qui eſt leur centre, c'eſt la raiſon pour laquelle elles ont toutes un poids vers cet aſtre, les Satellites ont un poids vers leurs Planetes, & en même temps un poids vers le Soleil avec leurs Planetes ; mais il y a antipathie générale entr'elles (les Planetes) & entr'eux (les Satellites), ce qui eſt cauſe que ni les unes ni les autres ne peuvent ſe joindre ni s'approcher plus qu'il ne leur eſt preſcrit par leur différente nature & leurs différentes qualités de matieres, d'airs & d'athmoſpheres qu'elles ont chacune autour d'elles, qui ne les abandonne point. On prétend que les Planetes ſont attirées les unes par les autres : ſi cela étoit, rien ne les empêcheroit de ſe joindre ; mais c'eſt tout le contraire, car elles ſe repouſſent réciproquement avec leurs airs & leurs athmoſpheres, quand elles ſe rencontrent en conjonction, par rapport à leurs différens temps qu'elles ſont à faire leurs révolutions périodiques autour du Soleil.

Il ne me reſte plus rien à dire, ſinon que je crois avoir trouvé le véritable motif du mouvement uniforme des Planetes, ſans le ſecours d'aucune Comete ; mais par le ſecours ſeul du Soleil, dont le mouvement eſt uniforme à celui des Planetes.

Réſultat.

1 La rotation des Planetes ſur leurs axes. 2 Leurs circulations autour du Soleil, en même temps	que le feu & la rotation du Soleil ſur ſon axe, force de faire aux Planetes du même ſens que lui.

3 L'attraction des Planetes au centre qui eſt le Soleil.

4 Le repouſſement du Soleil par la violence de ſon feu, lorſque les Planetes veulent trop s'approcher de lui.

Je ne connois que ces 4 mouvemens aux Planetes, & le terme d'impulſion me devient inutile.

Je ſoutiens donc & je dis, que mon ſyſtême doit être le ſeul & véritable, & celui auquel il faut s'en tenir, & que jamais l'Aſtronomie ne fera de grands progrès, ſi on ne veut pas ſe prêter à la vérité de mon raiſonnement. Je ſuis ſurpris même qu'il n'y ait eu encore perſonne juſqu'à préſent qui ait pénétré le véritable motif & les véritables cauſes du mouvement de tout l'Empire du Soleil: car tant que l'on ne voudra pas convenir de ce principe, on ne travaillera jamais qu'à tâton : on connoîtra auſſi par ce moyen les cauſes de la peſanteur des choſes. Le Soleil eſt le centre & le ſeul lien de ſon Empire, où il n'y a plus de péſanteur; & c'eſt la violence de ſon mouvement qui ſoutient toutes les Planetes dans leurs orbites.

F I N.

E R R A T A.

P*Age* 34, *lignes* 8 & 9, ſe lever & ſe coucher, *liſez* ſe lever ſur leur gauche, & ſe coucher.

Page 80 *ligne* 10, partie du Soleil, *liſez* partie de la 650e partie du Soleil.

www.ingramcontent.com/pod-product-compliance
Ingram Content Group UK Ltd.
Pitfield, Milton Keynes, MK11 3LW, UK
UKHW021109260726
13994UKWH00002B/812